支払決済の
トラブル相談

基礎知識から
具体的解決策まで

浅野永希・大上修一郎・岡田崇・川添圭・
西塚直之・松尾善紀〔著〕

民事法研究会

は し が き

　本書は、もともと、『消費者契約法のトラブル相談Q&A』刊行後、同書の担当者であった大槻剛裕氏に対し、「割賦販売法に関するトラブル相談シリーズもあればいいのに！」と何気なく話をしたところから企画が始まり、その後、株式会社民事法研究会からの「割賦販売（クレジット）に限らず、広く決済全般についてまで広げてはどうか！」というご提案を受けて執筆・発刊に至ったものです。

　本書のコンセプトは、できるだけ具体的な事実でQを構成し、あてはめをすること、解説部分では冒頭でポイントを設け、設問の簡単な回答を示し、また図表を用いるなどすることで支払決済に関する問題や法律を理解しやすくするとともに、支払決済トラブルの解決に役立ててもらうことをめざすという点で、姉妹版である『特定商取引のトラブル相談Q&A』、『消費者契約法のトラブル相談Q&A』と同じです。また、各設問を読めば当該事例に関する法律や条文も理解できるようにすることで、拾い読みも可能としました。

　本書が、日々、消費者トラブルに関する相談を受けている消費生活センターの相談員や、消費者問題を扱う弁護士・司法書士などの法律実務家の方々にご参考いただき、支払決済トラブルの予防・被害回復の一助となることを願っております。

　最後になりましたが、本書の出版にあたり民事法研究会の野間紗也奈氏には多大なご尽力をいただきました。また、ご事情により民事法研究会を退職された大槻氏が何気ない話を取り上げてくださらなければ本書の出版はありませんでした。お二方にはこの場をお借りして御礼申し上げます。

　令和6年10月

執筆者一同

目　次

```
┌─────────────────────────┐
│ 『支払決済のトラブル相談 Q＆A』 │
│          目　次          │
└─────────────────────────┘
```

第1章　総　論

Q1 決済とは‥‥‥‥‥‥‥‥‥‥‥‥‥‥‥‥‥‥‥‥‥‥‥‥2

Q2 キャッシュレス決済の方法‥‥‥‥‥‥‥‥‥‥‥‥‥‥‥5

　　《コラム①》ポイントシステム（ポイントプログラム）／9

Q3 決済に関する法律‥‥‥‥‥‥‥‥‥‥‥‥‥‥‥‥‥‥11

Q4 資金決済法とは‥‥‥‥‥‥‥‥‥‥‥‥‥‥‥‥‥‥‥15

Q5 収納代行サービス‥‥‥‥‥‥‥‥‥‥‥‥‥‥‥‥‥‥20

Q6 前払式支払手段に対する規制‥‥‥‥‥‥‥‥‥‥‥‥24

第2章　現金決済・口座振替・口座振込

Q7 口座振替決済のトラブル──誤振込‥‥‥‥‥‥‥‥‥32

Q8 代引き決済のしくみ‥‥‥‥‥‥‥‥‥‥‥‥‥‥‥‥35

Q9 商品送り付けトラブル①‥‥‥‥‥‥‥‥‥‥‥‥‥‥38

Q10 商品送り付けトラブル②‥‥‥‥‥‥‥‥‥‥‥‥‥‥42

Q11 口座凍結手続とは‥‥‥‥‥‥‥‥‥‥‥‥‥‥‥‥‥45

Q12 口座凍結手続と特殊詐欺被害への対応‥‥‥‥‥‥‥49

　　《コラム②》誤振込を装った特殊詐欺／52

第3章　割賦販売・個別信用購入あっせん

Q13 割賦販売のしくみと消費者トラブル‥‥‥‥‥‥‥‥54

Q14 割賦販売における消費者トラブルと解決方法‥‥‥‥57

目 次

| Q15 | 個別クレジット決済のしくみと消費者トラブル・・・・・・・・・・・・・60 |

| Q16 | 個別クレジット決済の消費者トラブルの特徴・・・・・・・・・・・・・・64 |

| Q17 | 個別クレジット決済の消費者トラブルの解決方法① |
　　　　　──支払停止の抗弁の制度・・・・・・・・・・・・・・・・・・・68

| Q18 | 個別クレジット決済で既払金の返還を求める方法② |
　　　　　──クーリング・オフ・・・・・・・・・・・・・・・・・・・・72

| Q19 | 個別クレジット決済で既払金の返還を求める方法③ |
　　　　　──過量販売解除・・・・・・・・・・・・・・・・・・・・・・76

| Q20 | 個別クレジット決済で既払金の返還を求める方法④ |
　　　　　──不実告知・事実不告知による取消し・・・・・・・・・・・・80

第4章　クレジットカード決済

| Q21 | クレジットカード決済のしくみと消費者トラブル・・・・・・・・・・86 |
　　　　　《コラム③》リボ払い／89

| Q22 | クレジットカード決済と支払停止の抗弁・・・・・・・・・・・・・・91 |

| Q23 | クレジットカード決済と既払金の返還①──既払金返還請求・・・・94 |

| Q24 | クレジットカード決済と既払金の返還②──チャージバック・・・・97 |
　　　　　《コラム④》チャージバック／100

| Q25 | クレジットカードの不正利用における責任・・・・・・・・・・・・101 |
　　　　　《コラム⑤》クレジットカードの不正利用──カード情報を
　　　　　　　盗まれないようにすることが肝要／105

第5章　ブランドデビット・ブランドプリペイド
　　　　のカード決済

| Q26 | ブランドデビットカードによる決済のしくみ・・・・・・・・・・・108 |

| Q27 | ブランドプリペイドカードによる決済のしくみ・・・・・・・・・・111 |

3

目　次

Q28 クレジット、ブランドデビット、ブランドプリペイドの
　　 カード決済における返還請求・・・・・・・・・・・・・・・・・・・・・・・・113
　　　《コラム⑥》サクラサイト・占いサイト被害／115

第6章　キャリア決済

Q29 キャリア決済とは・・・・・・・・・・・・・・・・・・・・・・・・・・・・・・・・・・・・118
Q30 キャリア決済に関するトラブル①――なりすまし・・・・・・・・・・・121
Q31 キャリア決済に関するトラブル②――未成年者・・・・・・・・・・・・・124

第7章　後払い決済・コンビニ決済

Q32 お試し価格と後払い決済サービス・・・・・・・・・・・・・・・・・・・・・・・128
　　　《コラム⑦》定期購入とサブスクリプション／131
Q33 コンビニ前払い決済とは・・・・・・・・・・・・・・・・・・・・・・・・・・・・・・133
Q34 コンビニ前払い決済利用時のキャンセル処理・・・・・・・・・・・・・・137
Q35 立替払い型後払い決済サービス・・・・・・・・・・・・・・・・・・・・・・・・・140
　　　《コラム⑧》未成年者による後払い決済利用の問題／143

第8章　サーバ型電子マネー

Q36 電子マネーとは・・・・・・・・・・・・・・・・・・・・・・・・・・・・・・・・・・・・・146
Q37 サーバ型電子マネーのしくみ・・・・・・・・・・・・・・・・・・・・・・・・・・149
　　　《コラム⑨》サーバー or サーバ？／153
Q38 前払式支払手段の有効期限・・・・・・・・・・・・・・・・・・・・・・・・・・・・154
Q39 第三者型前払式支払手段発行者の加盟店管理責任・・・・・・・・・・・158
Q40 サーバ型電子マネーと架空請求等詐欺被害への対応・・・・・・・・・163

4

目 次

Q41 高額電子移転可能型前払式支払手段に対する規制内容········167
Q42 電子マネーの払戻し·······························171
Q43 前払式支払手段の廃止と残高の払戻し·················175

第9章 QRコード決済

Q44 QRコード決済のしくみ···························182
Q45 QRコード決済におけるトラブル·····················184

第10章 暗号資産

Q46 暗号資産（仮想通貨）とは·······················188
Q47 暗号資産（仮想通貨）を利用した支払い···············192
　　《コラム⑩》代金決済手段としての暗号資産（仮想通貨）／195
Q48 暗号資産（仮想通貨）の購入をめぐるトラブル···········198
　　《コラム⑪》暗号資産交換業者へのサイバー攻撃と顧客に
　　　　　　　　対する損害賠償責任等／204
　　《コラム⑫》ロマンス詐欺／206

第11章 裁判例

口座振込·······································208
クレジット······································209
デビットカード···································216
電子マネー······································217
暗号資産·······································220

5

目　次

【資料１】　経済産業省商務・サービスグループ商取引監督課「割賦販売
　　　　　　法（後払信用）の概要」（2021年６月）（一部抜粋）‥‥‥‥223
【資料２】　事務ガイドライン（前払式支払手段発行者関係）（一部抜粋）
　　　　　　‥‥‥‥‥‥‥‥‥‥‥‥‥‥‥‥‥‥‥‥‥‥‥‥‥‥‥228

執筆者紹介‥‥‥‥‥‥‥‥‥‥‥‥‥‥‥‥‥‥‥‥‥‥‥‥‥‥‥241

凡 例

凡 例

[法令等]

資金決済法	資金決済に関する法律
資金決済法施行令	資金決済に関する法律施行令
暗号資産交換業者府令	暗号資産交換業者に関する内閣府令
前払式支払手段府令	前払式支払手段に関する内閣府令
振り込め詐欺救済法	犯罪利用預金口座等に係る資金による被害回復分配金の支払等に関する法律
出資法	出資の受入れ、預り金及び金利等の取締りに関する法律
犯罪収益移転防止法	犯罪による収益の移転防止に関する法律
特定商取引法	特定商取引に関する法律
預貯金者保護法	偽造カード等及び盗難カード等を用いて行われる不正な機械式預貯金払戻し等からの預貯金者の保護等に関する法律
景品表示法	不当景品類及び不当表示防止法

[ガイドライン]

事務ガイドライン（前払式支払手段発行者関係）	金融庁「事務ガイドライン（第三分冊：金融会社関係）5．前払式支払手段発行者関係」（2024年5月）
事務ガイドライン（資金移動業者関係）	金融庁「事務ガイドライン（第三分冊：金融会社関係）14．資金移動業者関係」（2024年5月）
事務ガイドライン（暗号資産交換業者関係）	金融庁「事務ガイドライン（第三分冊：金融会社関係）16．暗号資産交換業者関係」（2024年5月）

[判例集・文献]

民集	最高裁判所民事判例集
刑集	最高裁判所刑事判例集
判時	判例時報
判タ	判例タイムズ
金法	金融法務事情
金判	金融・商事判例
ニュース	消費者法ニュース
刑弁	季刊刑事弁護

7

参考文献

裁判所ウェブサイト	裁判所ウェブサイト裁判例検索
LEX/DB	TKC 法律情報データベース
D1-Law	第一法規法情報総合データベース（D1-Law.com）
ウエストロー	Westlaw Japan 判例データベース

参考文献

執筆にあたり、次の文献を参考にした。

・渡邊涼介ほか『電子商取引・電子決済の法律相談』（青林書院、2020年）
・上野陽子編集代表ほか『キャッシュレス決済（Q&A でわかる業種別法務）』（中央経済社、2022年）
・山本正行「連載　多様化・重層化するキャッシュレス決済」ウェブ版国民生活127号（2023年）〜134号（2023年）
・坂勇一郎「連載　誌上法学講座　知っておきたい資金決済法」ウェブ版国民生活102号（2021年）〜108号（2021年）
・堀天子『実務解説　資金決済法〔第5版〕』（商事法務、2022年）
・高橋康文編著ほか『新・逐条解説資金決済法〔第2版〕』（金融財政事情研究会、2023年）
・三菱 UFJ リサーチ＆コンサルティング「キャッシュレス決済の動向整理（2022年9月16日）」（消費者庁ウェブサイト「インターネット消費者トラブルに関する調査研究」）

第1章

総 論

第1章 総論

Q1 決済とは

「決済」とはどのような行為をいうのでしょうか。また、決済をするための方法にはどのようなものがあるのでしょうか。

▶ ▶ ▶ Point

① 決済とは、支払いや代金の受け渡しを終えることで取引を終了させることです。

② 決済には、現金による方法と現金を使わない方法とがあります。

③ 現金を使わない方法をキャッシュレス決済といいます。

1 決済とは

決済とは、代価を支払って、相手方から商品やサービスの提供を受け、取引を完了させる行為をいいます。

決済の方法にはさまざまなものがあり、その分類の仕方も区々ですが、大別すると、①現金の有無（現金を使うのか否か）による分類と、②支払時期（いつ利用し、いつ支払いをするのか）による分類とに分けることができます。

2 現金の有無による分類

(1) 現金払い決済とキャッシュレス決済

決済方法のうち、受取人との間で現金のやりとりをすることで取引を終了させる場合を現金払い決済といい、現金を使わないで取引を終了させる場合をキャッシュレス決済といいます。

決済方法としては、現金払い決済を利用する人が多いと思われますが（民法402条）、近時はキャッシュレス決済を利用する人も増えており、それに対

2

応している店舗も増えています。

(2) キャッシュレス決済の方法

キャッシュレス決済の方法としては、クレジットカード決済が典型的な方法ですが、現在では、これに限らずさまざまな方法が登場しています。

クレジットカード決済以外の方法によるキャッシュレス決済手段としては、デビットカード決済、電子マネー決済、キャリア決済、コード決済などがあります。

3 支払時期による分類

(1) 即時払い決済、前払い決済、後払い決済

即時払い決済（デビット）とは、商品やサービスの提供を受けるのと同時に代金を支払う場合をいいます。他方、前払い決済（プリペイド）とは、商品やサービスの提供を受ける前に代金を支払う場合で、後払い決済（クレジット）とは、前払い決済とは逆に、商品やサービスの提供を受けた後に代金を支払う場合のことです。

(2) 現金払い決済の場合

現金払い決済の場合、即時払い決済をするのが一般的ですが（民法533条）、たとえば、賃貸物件を借りている借主が貸主に家賃を支払う場合は、翌月分を前月に支払うことが多いと思われますので、この場合は前払い決済がなされていることになります。また、通信販売等で商品到着後に代金を支払う場合は後払い決済がなされていることになります。

(3) キャッシュレス決済の場合

キャッシュレス決済においても、即時払い決済、前払い決済、後払い決済がありますが、そのいずれにあたるかは、代金を支払う側（消費者）と受け取る側（事業者）とで異なることになります。

(A) 代金を支払う側からみた場合

代金を支払う消費者がキャッシュレス決済手段を利用して決済を行う場

第1章 総論

合、その行為は、①消費者がキャッシュレス決済手段を利用して当該店舗に支払いをする場合（消費者がキャッシュレス決済手段をいつ使うのか）と、②上記消費者がキャッシュレス決済手段運営事業者に対して支払いをする場合（実際に消費者が代金を支払うのはいつの時点か）とに分けることができます（Q2参照）。たとえば、銀行のデビットカードを利用して代金の支払いをする場合のように、代金を支払う人がキャッシュレス決済を利用すると同時に代金の支払いが行われる場合には、即時払い決済にあたります。また、たとえば、プリペイド式電子マネーを利用して代金の支払いをする場合のように、代金の支払いをする前に現金をチャージし、その後にキャッシュレス決済手段を利用する場合には、前払い決済にあたります（商品券を利用する場合などもこれにあたります）。さらに、たとえば、クレジットカードを利用して商品を購入する場合のように、代金を支払う人が先に商品等の提供を受け、それから一定期間経過後のカード会社等からの請求を待って代金を支払うような場合は、後払い決済にあたります。

(B) **代金を受け取る側からみた場合**

代金を受け取る側からみた場合、代金を受け取る側である事業者が実際にこれを受け取るのは、その間に介在しているカード会社等から一定の期日にまとめて振り込まれた時ですので、代金を支払う側の認識等にかかわらず後払い決済となります。

Q2　キャッシュレス決済の方法

Q2　キャッシュレス決済の方法

> キャッシュレス決済とはどのような決済方法でしょうか。具体的には、どのような方法があるのでしょうか。

▶ ▶ ▶ Point

① キャッシュレス決済とは、現金を使わない支払方法の総称です。

② キャッシュレス決済の手段として、後払い決済、即時払い決済、前払い決済の方式があります。

1 キャッスレス決済とは

　決済とは、代価を支払って、相手方から商品やサービスの提供を受け、取引を完了させる行為をいいます。

　決済の方法としては、受取人と直接現金のやりとりをすることで取引を終了させる現金払い決済が一般的ですが、現金を使わない（受取人と直接現金のやりとりをしない）方法で取引を終了させる場合もあります。

　現金を使わない決済方法として、たとえば、クレジットカード決済による場合があげられます。もっとも、現在では、現金によらない決済方法は、クレジットカード決済による場合に限られず、さまざまな決済方法が登場しています。これら現金を使わない支払方法の総称がキャッシュレス決済です。

　なお、金融庁の金融審議会金融制度スタディ・グループが公表した「『決済』法制及び金融サービス仲介法制に係る制度整備についての報告《基本的な考え方》」（2019年7月26日）では、決済とは、①決済サービス提供者を介して、直接現金を輸送せずに、意図する額の資金を意図する先に移動すること（代金を支払う側が受け取る側に対して代金を送ること）および／または②決済

5

第1章 総論

サービス提供者を介して、債権債務関係を解消すること（代金を支払う側が受け取る側に対して代金を支払う（弁済する）こと）としています。

2 キャッシュレス決済と支払時期

(1) 即時払い決済、前払い決済、後払い決済

決済には、いつ代金を支払うのかという区分によって、即時払い決済、前払い決済、後払い決済があります。

即時払い決済とは、商品やサービスの提供を受けるのと同時に代金を支払う場合をいいます。他方、前払い決済とは、商品やサービスの提供を受ける前に代金を支払う場合で、後払い決済とは、前払い決済とは逆に、商品やサービスの提供を受けた後に代金を支払う場合のことです。

(2) キャッシュレス決済の場合

キャッシュレス決済においても、現金決済と同じく、即時払い決済、前払い決済、後払い決済とがあります。

しかし、キャッシュレス決済の場合、即時払い決済、前払い決済、後払い決済のいずれにあたるかは、代金を支払う側と受け取る側とで異なることになります。

代金を受け取る側からみると、代金を受け取る側が実際にこれを受け取るのは、その間に介在しているカード会社等から一定の期日にまとめて振り込まれた時ですので、代金を支払う側の認識等にかかわらず後払い決済となります。

これに対して、代金を支払う側からみると、代金を支払う人がキャッシュレス決済を利用すると同時に代金の支払いが行われる場合が即時払い決済にあたります。また、代金の支払いをする前に現金をチャージし（支払いをする）、その後にキャッシュレス決済手段を利用する場合が前払い決済にあたります（商品券を利用する場合などもこれにあたります）。さらに、代金を支払う人が先に商品等の提供を受け（キャッシュレス決済手段の利用）、そこから一定

6

期間経過後の決済サービス提供者からの請求を待って代金を支払うような場合が後払い決済にあたります（〔図表１〕参照）。

〔図表１〕 キャッシュレス決済における前払い、即時払い、後払いの関係

支払時期	決済手段の利用と支払いの先後		
①前払い	キャッシュレス決済の利用	←	決済提供者への支払い
②即時払い	キャッシュレス決済の利用	＝	決済提供者への支払い
③後払い	キャッシュレス決済の利用	→	決済提供者への支払い

3 キャッシュレス決済の方法

2のように、キャッシュレス決済においても、現金決済と同じく、即時払い決済、前払い決済、後払い決済があり、それぞれの決済方法に応じた決済サービスが提供されています。

まず、即時払い決済手段として、デビットカード決済があります。これは、銀行口座から即時に支払う方式のキャッシュレス決済です。

前払い決済手段として、従来から利用されていた百貨店などの商品券（ギフト券）などのほか、電子マネー決済があります。これは、発行会社から事前に電子マネーを購入し、後日、その残高で代金を支払う方式のキャッシュレス決済です。電子マネーには、残高がICチップに記憶されているICカード型（SuicaやICOCAなどの交通系や、WAONなどの流通系があります）や磁気カードに記録されている磁気カード型（図書カードなど）、また、残高が発行会社管理のサーバに記録されているサーバ型があります。その外に国際ブランド付きプリペイドカード決済などもあります。

後払い決済手段としては、クレジットカード決済があります。これは、クレジットカード会社が商品等を購入した消費者に対して立替金を請求した後、消費者の銀行口座から立替金が引き落とされることによって代金を支払う方式のキャッスレス決済で、後払いのキャッシュレス決済手段として従来

第1章 総 論

から多くの人に利用されてきた方式です。もっとも、近時は、携帯電話会社
による携帯電話の利用料金といっしょに商品等の代金支払うキャリア決済な
どもあります。

　このように、キャッシュレス決済手段には多くの方法があります（〔図表2〕
参照）。

〔図表2〕 キャッシュレス決済の方法

	決済方法	関係法律
前払い	国際ブランド付きプリペイドカード決済 サーバ型電子マネー 前払式QRコード決済	資金決済法（前払式支払手段）
即時払い	口座振替 デビットカード決済（口座引落） Bank Pay（銀行によるQRコード決済）	銀行法
	即時払式QRコード決済 コンビニ収納代行・代金引換	なし
	割り勘アプリ型サービス	資金決済法（資金移動）
後払い	クレジットカード決済	割賦販売法
	立替払い型後払い決済 キャリア決済 後払式QRコード決済	なし

※口座振替、コンビニ収納代行・代金引換などは、利用者（債務者）はいったん現金を窓
　口や代行者に支払いますが、受取人（債権者）は利用者と直接やりとりをして現金を受
　け取るものではないことから、これらもキャッシュレス決済にあたります。

8

Q2 キャッシュレス決済の方法

コラム① ポイントシステム（ポイントプログラム）

(1) ポイントシステムとは

　ポイントシステム（ポイントプログラム）とは、商品やサービスを購入した際に、支払った対価の一定割合に相当する「ポイント」を付与し、その後にポイントを商品やサービスを購入する際の代金支払いにあてたり、ポイントを各種の特典やサービスと交換できたりするしくみをいいます。その原型としては、古くから商店等が来店客のリピート率を上げるために利用されていた「スタンプカード」がありますが、コンピューターやインターネットの普及でデータベースを使った顧客管理が可能となり、会員登録やポイントカードの発行によって顧客ごとにポイントを付与することができるようになりました。現在では、家電量販店や通信販売事業者のほか、航空会社や鉄道会社、通信事業者などさまざまな事業者がポイントシステムを採用しており、電子マネーでも利用額に応じてポイントが付与されることが珍しくありません。

　ポイントシステムのメリットには、①ポイントを次の購入や特典のために使用できるようにすることで自社で扱う商品やサービスの利用を促す効果（販売促進効果）や、②顧客が支払った対価に応じたポイントの付与によって顧客満足度を高める効果（顧客別価格設定効果）などがあるといわれています。また、ポイントシステムがもつ販促ツールとしての側面に着目し、加盟店であれば共通して取得・利用が可能な「共通ポイント」が登場したり、自社の商品やサービスにとどまらず他社の商品やサービス、電子マネーなどへ交換できるしくみなども登場したりしており、ポイントシステムは、企業によって多種多様な展開が行われています。

　ポイントシステムで提供されるポイントは、商品の購入やサービスの利用に伴って付与されるものであり、ポイント自体を金銭で購入するものではないため、この点で電子マネーや暗号資産（仮想通貨）とは区別され、一般的に、ポイントはこれらに該当しないと考えられています（Q36・Q46参照）。

(2) ポイントシステムの問題点

　(1)のとおり、ポイントシステムで付与されるポイントは、あくまで商品購入やサービス利用に伴って付与される「特典」にすぎないため、資金決済法などで利用者保護が図られている電子マネーとは異なり、企業がポイントを付与する割合（還元率）や付与する時期、付与の方法といった細かい規律や顧客保護のための各種方策は、主に企業が会員登録やカード発行などの際に定める利用規約（約款）に委ねられており、具体的な法規制は存在しないというのが現状

9

第1章 総論

です。

　そのため、①ポイントシステムを採用する企業が倒産して事業そのものが終了したことで当該ポイントが失効し利用価値がなくなる、あるいは②企業が利用規約を変更してポイントの還元率や還元する条件などを顧客側に不利益となるような一方的な変更が行われるなど、顧客とのトラブルに発展することがあります。

　企業としては、ポイントはあくまで「特典」として付与されるものにすぎないため、一方的な制度変更なども許されると考える傾向があるのに対し、商品購入やサービス利用においてポイント還元率などが事業者選びの重要な指標となっている現状では、ポイントが一方的に失効となったり還元率が一方的に変更されたりといった変更は消費者の期待に反する行為と受け止められ、苦情や反発につながるという側面をもつことになります。

　(3)　ポイントシステムと利用者保護

　(2)で触れたとおり、ポイントシステムによって付与されたポイントの付与や利用については、企業と消費者との間の契約（利用規約など）によって規律されるものであり、ポイントシステム自体を規制する法律はありません。

　この点、経済産業省の報告書（企業ポイントの法的性質と消費者保護のあり方に関する研究会「報告書」（2009年1月））によれば、①消費者契約法との関係では、平易な契約条項の整備や勧誘に際しての情報提供が望ましいとされ、利用者に一方的な不利益な条項は同法10条に基づき無効と判断される可能性があること、②景品表示法との関係では総付景品規制（同法3条）や有利誤認（同法4条2項）が適用されることが指摘されており、事業者が消費者の利益を全く考えずにポイントシステムを構築したり改変したりできるわけではないという理解が一般的です。また、ポイントシステムは顧客の囲い込みの手段として利用されることが多いとされていますが、ポイントシステムの構築によって得られた顧客の氏名・住所や購入履歴などの個人データの取扱いについても、個人情報保護法を遵守して適切に取得・管理する必要があるでしょう。

　ポイントシステムにより得られたポイントに対する消費者保護の法整備は十分とはいえませんが、近時はSNSの普及により、ポイントシステムの運用の仕方を間違えれば消費者から信用を失って「炎上」や客離れを起こす危険もあり、事業者としても、ポイントシステムを事業者側の論理だけで運用することが難しくなっているともいえるでしょう。

Q3 決済に関する法律

　決済の手段にはさまざまなものがあると聞きましたが、決済手段によって適用される法律は異なるのでしょうか。決済に関する法律にはどのようなものがあるのか教えてください。

▶▶▶ Point
① 決済とは、支払いや代金の受け渡しを終えることで取引を終了させる行為です。
② 決済に関する法律には決済全般に適用されるものとして民法があります。そのほかにも割賦販売法、資金決済法、銀行法などがあります。

1 決済とは

　決済とは、代価を支払って、相手方から商品やサービスの提供を受け、取引を終了させる行為をいいます。決済の方法としては、現金のやりとりをすることで取引を終了させる現金払い決済が一般的ですが、クレジットカード決済などのように現金を使わない方法で取引を終了させる場合もあり、このように現金を使わない方法による決済をキャッシュレス決済といいます。

　また、決済は、代金支払時期によって、即時払い決済、前払い決済、後払い決済に分けられます（Q1参照）。

2 決済に適用される法律──民法

(1) 弁　済

　1のように、決済とは、代価を支払って取引を終了させる行為をいいます。これを法律的にみると、債務者が契約に従って代金の支払いという給付を行

11

第1章　総　論

い、（自己の）債務を消滅させる行為となるので、弁済にあたります。

弁済に関する規律については、私法関係の一般法である民法が定めています。

(2)　弁済に関する民法の規定

(A)　弁済の方法

民法は、債権の目的物が金銭の場合には、債務者はその選択に従い、各種の通貨で弁済することができると定めています（同法402条）。したがって、債務者は、現金払いをすることもできますし、キャッシュレス決済手段による弁済を選択することも可能です。しかし、店舗側がキャッシュレス決済に対応していない場合は現金払いによらざるを得ませんし、他方、キャッシュレス決済のみで現金決済に対応していない場合はキャッシュレス決済によらざるを得ません。もっとも、このような場合、店舗において、事前にいずれかの決済手段にしか対応していない旨を明示しておくべきでしょう。

また、民法は、預貯金口座あての振込による弁済の効力が生じる時期について、債権者が振込先金融機関に対する払戻請求権を取得した時に弁済の効力が生ずると規定しています（同法477条）。

(B)　弁済の時期

売買契約のような双務契約においては、商品等の引渡しと引き換えに（同時に）代金を支払うことが原則です（民法533条）。

(C)　そのほかの規定

民法は、(A)のとおり弁済の方法について規定していますが、そのほかにも弁済の場所および時間（同法484条）、弁済に関する費用負担者（同法485条）や複数の債務がある場合の充当方法（同法488条～491条）などについて規定しています。

3　決済に適用される法律——民法以外

2のとおり、弁済に関する規律については民法が規定していますが、その

ほかにも割賦販売法や資金決済法、また銀行法など各種決済サービス特有の規律や、マネーロンダリング防止を目的とする法律（犯罪収益移転防止法）などもあります。

(1) 割賦販売法

割賦販売法は、割賦販売等に係る取引の公正の確保、購入者等が受けることのある損害の防止およびクレジットカード番号等の適切な管理等に必要な措置を講ずることにより、割賦販売等に係る取引の健全な発達を図るとともに、購入者等の利益を保護し、あわせて商品等の流通および役務の提供を円滑にし、もって国民経済の発展に寄与することを目的として定められた法律です（同法1条1項）。

割賦販売法は、各種決済サービスのうち、クレジットカード決済などを利用した場合に適用されます（Q13参照）。

(2) 資金決済法

資金決済法は、資金決済に関するサービスの適切な実施を確保し、その利用者等を保護するとともに、当該サービスの提供の促進を図るため、前払式支払手段の発行、銀行等以外の者が行う為替取引、電子決済手段の交換等、暗号資産の交換等、為替取引に関する分析および銀行等の間で生じた為替取引に係る債権債務の清算について、登録その他の必要な措置を講じ、もって資金決済システムの安全性、効率性および利便性の向上に資することを目的として定められた法律です（同法1条）。

資金決済法は、各種決済サービスのうち、国際ブランド付きプリペイドカード決済や（サーバ型）電子マネー決済などのほか、暗号資産や銀行等以外の者が行う為替取引について適用されます（Q4参照）。

(3) 銀行法

銀行法は、銀行の業務の公共性に鑑み、信用を維持し、預金者等の保護を確保するとともに金融の円滑を図るため、銀行の業務の健全かつ適切な運営を期し、もって国民経済の健全な発展に資することを目的として定められた

第1章 総　論

法律です（同法1条）。

　銀行法は、口座振込やデビットカード決済・口座引落など、銀行が提供する決済サービスに適用されます。

(4)　犯罪収益移転防止法

　犯罪収益移転防止法は、マネーロンダリング（マネーロンダリングとは、一般に、①犯罪収益の取得源の偽装・秘匿、②法的責任の追及を回避するための犯罪収益の移転・換価等を指します）防止法ともいわれているもので、犯罪による収益の移転防止が極めて重要であることに鑑み、顧客等の本人特定事項等の確認等の措置を講ずることにより、犯罪による収益の移転防止を図り、あわせてテロリズムに対する資金供与の防止に関する国際条約等の的確な実施を確保し、もって国民生活の安全と平穏を確保するとともに、経済活動の健全な発展に寄与することを目的として定められた法律です（同法1条）。

14

Q4　資金決済法とは

Q4　資金決済法とは

決済に関する法律として、資金決済法という法律があると聞きましたが、資金決済法とはどのような法律でしょうか。

▶▶▶ Point

① 　資金決済法は、資金決済サービスの適切な実施を確保し、その利用者等を保護するとともに、当該サービス促進のため、前払式支払手段の発行等について、登録等の必要な措置を講じ、もって資金決済システムの安全性、効率性および利便性の向上に資することを目的とする法律です。

② 　資金決済法は、前払式支払手段、資金移動、暗号資産等について規制をしています。

1 　資金決済法とは

資金決済法は、2009年6月に公布され、翌年4月に施行された法律です。同法は、資金決済に関するサービスの適切な実施を確保し、その利用者等を保護するとともに、当該サービスの促進を図るため、前払式支払手段の発行等について、登録その他の必要な措置を講じ、もって資金決済システムの安全性、効率性および利便性の向上に資することを目的として制定され（同法1条）、「前払式支払手段」「資金移動」「暗号資産」等について規制しています。

資金決済法は、施行後、数回にわたって改正されていますが、2022年6月3日にも、①電子決済手段等（いわゆる「ステーブルコイン」）への対応、②高額電子移転可能型前払式支払手段への対応、③銀行等による取引モニタリング等の共同化への対応の3点を主眼とする改正がなされました（2023年6月

15

第1章 総論

1日施行。なお、②については経過措置が定められており（改正法附則2条1項）、改正法施行の際に現に高額電子移転可能型前払式支払手段を発行している者に対しては、施行日から起算して2年経過後の2025年6月1日から11条の2が適用されることとなる）。

2 前払式支払手段に関する規制の概要

(1) 前払式支払手段とは

前払式支払手段とは、商品券やプリペイドカード、電子マネーなどのように、事前に金銭等を支払ったうえで商品の購入等の支払手段としてこれらを利用するもので、資金決済法上の要件をすべて満たすものをいいます。

前払式支払手段の要件について、資金決済法3条1項は、次のように定めています（Q6参照）。

① 金額・数量といった財産的価値が証票等に記載・記録されること（価値の保存）

② 金額・数量に応じた対価を得て発行される証票等であること（対価の発行）

③ 物品購入等の代価の弁済等に使用されること（権利行使）

④ 適用除外事由にあたらないこと（資金決済法4条、資金決済法施行令4条）

前払式支払手段には、発行者（またはその密接関係者）の店舗のみで使用できる「自家型」（資金決済法3条4項）と、発行者以外の店舗（加盟店）でも使用できる「第三者型」（同法3条5項）があります。後者は法人のみが発行できますが、前者は個人も発行することができます。

(2) 規制の概要

資金決済法は、3月末または9月末の残高が1000万円超の自家型前払式発行者（同法3条2項・14条、資金決済法施行令6条、資金決済法3条6項）と、第三者型前払式発行者（同法3条7項）を規制対象とし、次のような規制をして

16

〔図表３〕　前払式支払手段発行者に関する規制の概要

※条文はすべて資金決済法を指す。

規制内容		条　文	
		自家型	第三者型
参入規制	①発行主体	個人も可（３条６項・５条）	法人のみ（３条７項・７条）
	②登録・届出	届出制（５条）	登録制（７条）
行為規制	①加盟店管理等		10条
	②名義貸しの禁止		12条
	③情報提供	13条	
	④発行保証金の供託	14条～19条	
	⑤払戻規制	20条	
	⑥情報の安全管理	21条	
	⑦委託先への指導	21条の２	
	⑧苦情処理に関する措置	21条の３	
	⑨帳簿書類の作成・保存	22条	
	⑩報告書の作成・提出	23条	
	⑪立入検査等	24条	
	⑫業務改善命令等	25条・26条・29条	25条・27条～29条

います（〔図表３〕参照）。

3　資金移動に関する規制の概要

(1)　資金移動とは

　資金移動業とは、銀行等以外の者が為替取引を業として営むことをいい（資金決済法２条２項）、同法37条の登録を受けた者を資金移動業者といいます（同法２条３項）。

(2)　規制の概要

　資金決済法は、資金移動業者について、次のような規制をしています（〔図表４〕参照）。

17

第1章　総論

〔図表4〕　資金移動業者に関する規制の概要

※条文はすべて資金決済法を指す。

規制内容	条　文
①登録制（参入規制）	37条～41条
②名義貸しの禁止	42条
③履行保証金の供託	43条～48条・58条の2
④情報の安全管理	49条
⑤委託先への指導	50条
⑥利用者保護に関する措置	51条
⑦為替取引に関し負担する債務の制限	51条の2～51条の3
⑧指定資金移動業務紛争解決機関との契約締結義務	51条の4
⑨帳簿書類の作成・保存	52条
⑩報告書の作成・提出	53条
⑪立入検査等	54条
⑫業務改善命令等	55条～58条

4　暗号資産に関する規制の概要

(1)　暗号資産とは

　暗号資産とは、①物品購入等をする場合に、代価の弁済のために不特定多数の者に対して使用することができ、かつ、不特定の者を相手方として購入・売却を行うことができる財産的価値であって、電子情報処理組織を用いて移転することができるもののうち、法定通貨または法定通貨建てでないものをいい（資金決済法2条5項1号）、あるいは、②不特定の者を相手方として①に掲げる者と相互に交換ができる財産的価値であって、電子情報処理機器を用いて移転することができるもの（同項2号）をいいます（Q46参照）。

(2)　暗号資産交換業とは

　暗号資産交換業とは、①暗号資産の売買・交換、②①の行為の媒介、取次または代理、③①および②の行為に関する利用者の金銭管理、④他人のため

18

の暗号資産の管理を業として行うことをいい（資金決済法２条15項）、登録を
受けて暗号資産業を行う者を暗号資産交換業者といいます（同条16項・63条の
２）。

(3) 規制の概要

資金決済法は、暗号資産交換業者について、次のような規制をしています
（〔図表５〕参照）。

〔図表５〕 暗号資産交換業者に関する規制の概要

※条文はすべて資金決済法を指す。

規制内容	条　文
①登録制（参入規制）	63条の２〜63条の６
②名義貸しの禁止	63条の７
③情報の安全管理	63条の８
④委託先に対する指導	63条の９
⑤広告規制	63条の９の２
⑥禁止行為	63条の９の３
⑦利用者の保護等に関する措置	63条の10
⑧利用者財産の管理等	63条の11・63条の11の２
⑨指定暗号資産交換業務紛争解決機関との 契約締結義務等	63条の12
⑩帳簿書類の作成・保存	63条の13
⑪報告書の作成・提出	63条の14
⑫立入検査等	63条の15
⑬業務改善命令等	63条の16〜63条の19

第1章 総論

Q5 収納代行サービス

決済の方法として、収納代行というものがあると聞きましたが、収納代行とはどのような決済サービスなのでしょうか。また、収納代行については資金決済法の規制は及ばないのでしょうか。

▶ ▶ ▶ Point

① 収納代行とは、債権者（代金の受取人）から委託等を受け、債務者（代金を支払う側）から代金の回収を図る行為のことです。

② 資金決済法制定当時は、収納代行は同法の規制対象外とされましたが、その後、収納代行のうち割り勘アプリについては同法の規制対象となりました。

1 収納代行サービスとは

収納代行とは、債権者（代金の受取人）から委託等を受け、債務者（代金を支払う側）から代金の回収を図る行為のことです。たとえば、携帯電話料金の支払いをコンビニエンスストアで行う場合がありますが、これは携帯電話会社から委託を受けたコンビニエンスストアが携帯電話利用者から利用料金を受け取る（携帯電話料金を回収する）ものですので、コンビニエンスストアは収納代行サービスとして携帯電話会社に代わって代金の回収を行ったことになります。その結果、債務者である携帯電話利用者の携帯電話料金支払債務は消滅することになります。

たとえば、コンビニ収納（コンビニエンスストアで光熱費等を支払うサービス）、代金引換（運送業者から商品を受領するのと引き換えに、商品代金を支払うサービス）などが典型的な収納代行サービスですが、近時は、割り勘アプリ

20

（幹事がまとめて飲食代金を支払い、参加者は各自の負担額をアプリで送金するような場合）、EC 事業者による代金収納サービスやエスクローサービスといった新しいサービスが登場しています。

2 収納代行サービスと資金決済法の適用

(1) 資金決済法制定当時

　資金決済法制定当時、収納代行について、同法の規制を及ぼすべきか議論がありましたが、結果的に同法の規制対象外とされました。

　もともと、収納代行は、法律的には代理受領（債権者甲が債務者丙から弁済を受領する権限を甲の債権者乙にあらかじめ委ねておく方式）として行われてきました。すなわち収納代行業者は債権者の代理人として債務者から代金を受け取ることになりますので、債務者が収納代行業者に支払った時点で債務は消滅することになります（民法99条）。したがって、その後、収納代行業者が倒産したとしても、債務者の債務はすでに消滅している以上、債務者が二重弁済の危険を負うことはないことから、規制の必要性はないとの意見が強く主張されたからでした。

(2) 現 在

　しかし、資金決済法制定後、収納代行サービスが多様化し、従来のものに加え、割り勘アプリや EC 事業者による代金収納サービスなど債権者が一般消費者である新しいサービスが提供されるようになったことから、収納代行サービスに対する規制の要否が議論となりました。

　その結果、債権者が事業者の場合は収納代行業者の信用リスクを負担するのもやむを得ないことから、債務者に二重払いの危険が生じない限りにおいて資金決済法の適用対象外としました。他方、債権者が個人の場合である割り勘アプリ等については、債権者に上記信用リスクを負わせるべきではないとして、割り勘アプリが「為替取引」に該当することを明確にし、同法の規制対象としました。

21

第1章 総 論

なお、フリマアプリ等において、売主の買主に対する商品引渡し完了まで
の間は、売買代金を第三者である事業者がいったん預かり、買主の商品受領
確認後、売主に商品代金を受け渡すしくみであるエスクローサービスについ
ては、これまで特に問題は生じていないなどの理由から規制対象外とされて
います。

3 資金決済法の適用要件

(1) 資金決済法の適用要件

2のように、収納代行のうち次の要件を満たす収納代行については為替取
引に該当するものとして、資金決済法の規制対象となります（同法2条の2、
資金移動業者に関する内閣府令1条の2）。

① 受取人からの委託等により

② 債務者から弁済として資金を受け入れまたはほかの者に受け入れさせ

③ 受取人に資金を移動させる行為（当該資金を当該受取人に交付すること
により移動させる行為を除く）

④ 受取人が個人（事業としてまたは事業のために受取人となる場合を除く）
であり、かつ内閣府令で定める次の要件のいずれかに該当するもの

   ⓐ 債務者からの資金受け入れまでは債務が消滅しないものであること
（1号）

   ⓑ 貸付債権回収のために資金を移動させるものであること（2号）

   ⓒⓐ 債務者に対する反対給付に先立ってまたはこれと同時に債務者か
ら弁済として資金を受け入れ、反対給付後に受取人に資金を移動さ
せるものでないこと（3号イ）

     かつ

    ⓑ 当該契約の成立に不可欠の関与を行い、債務者から弁済として資
金を受け入れまたは第三者に受け入れさせ、受取人の同意の下に資
金を移動させるものではないこと（3号ロ）

要件①〜③は、収納代行サービスの要件の一部を示したものであり、要件④はそのうち為替取引として規制対象となるものを規定したものです。

要件④ⓐは代理受領（またはこれと同様の効果を有するもの）が、また、要件④ⓒはエスクローサービスが、それぞれ規制対象とならないことを規定したものです。

(2) 資金決済法2条の2以外の収納代行

(1)の要件から、受取人が事業者である代理受領や資金移動業者に関する内閣府令1条の2第1号ないし3号にあてはまらないものは規制対象外となります。

もっとも、2020年改正資金決済法の附帯決議で「改正資金決済法第2条の2の要件に該当しない場合であっても、為替取引に該当するときは、資金移動業の登録が必要となることを周知すること」とあるように、同法2条の2、資金移動業者に関する内閣府令1条の2は、それぞれの要件に該当するものが為替取引に該当することを確認するものであって、当該要件に該当しない行為は為替取引に該当しないということを意味するものではありません。当該要件に該当しない行為が為替取引に該当するか否かは、取引内容等に応じ、最終的には個別具体的に判断されることになります（事務ガイドライン（資金移動業者関係）1－2）。

第1章　総　論

Q6　前払式支払手段に対する規制

　資金決済法は前払式支払手段についての規制をしていると聞きまし
たが、前払式支払手段というのはどのような支払手段なのでしょうか。
また、具体的にはどのような規制がされているのでしょうか。

▶▶▶ Point
① 　前払式支払手段とは、商品券やプリペイドカード、電子マネーなどのよ
　うに、事前に金銭等を支払ったうえで商品の購入等の支払手段としてこれ
　らを利用するものです。
② 　資金決済法上の前払式支払手段には自家型前払式支払手段と第三者型前
　払支払手段の二つの類型があります。
③ 　自家型前払式支払手段か第三者型前払式支払手段のいずれに該当するか
　は、資金決済法上の規制の内容に関係することになります。

1　前払式支払手段とは

(1)　前払式支払手段とは
　前払式支払手段とは、商品券やプリペイドカード、電子マネーなどのよう
に、事前に金銭等を支払ったうえで商品の購入等の支払手段としてこれらを
利用するものをいいますが、資金決済法上は、対価を得て発行される証票等
であって、(対価に応じた)財産的価値が記載等され、支払い等のために使用
されるものと規定されています(同法3条1項)。
(2)　前払式支払手段の類型
　資金決済法上、前払式支払手段には、自家型前払式支払手段と第三者型前
払式支払手段の二つの類型が定められています。

24

自家型前払式支払手段とは、発行者（またはその密接関係者）の店舗のみで使用できるものをいいます（資金決済法3条4項）。

第三者型前払式支払手段とは、自家型前払式支払手段以外のものをいい、発行者以外の店舗（加盟店）でも使用できるものをいいます（資金決済法3条5項）。

両者の区別は、資金決済法上の規制内容に影響を及ぼすことになります。

(3) 前払式支払手段の具体例

前払式支払手段にはさまざまなものがあり、利用金額等を記載・記録する方法や記録等がされる場所により、紙型、磁気型、IC型、サーバ型などに分けることができます（〔図表6〕参照）。

〔図表6〕 前払式支払手段の例

タイプ	記載・記録方法	具体例
紙型	券面	百貨店やクレジットカード会社の商品券、ビール券など
磁気型	カードの磁気ストライプ	図書カード・プリペイドカードなど
IC型	カード内蔵のICチップ	SuicaやICOCAなどの交通系、WAONなどの流通系ICカード
サーバ型	事業者のサーバ	Appleギフト、Amazonギフトなど

2 前払式支払手段の要件

前払式支払手段の要件について、資金決済法は次のように定めています（同法3条1項・4条）。

① 金額・数量といった財産的価値が証票等に記載・記録されること（価値の保存）

② 金額・数量に応じた対価を得て発行される証票等・番号・記号その他

の符号であること（対価の発行）

③　物品購入等の代価の弁済等に使用されること（権利行使）

(1) 金額・数量といった財産的価値が証票等に記載・記録されること（価値の保存）

証票等に財産的価値が記載等されていることが必要ですが、財産的価値の表示について、金額表示型（資金決済法3条1項1号）と数量表示型（同項2号）があります。金額表示型の例としては、商品券（1000円の商品券）、図書カードや QUO カード、電子マネーなどがあります。数量表示型の例としては、ビール券があげられます。

(2) 金額・数量に応じた対価を得て発行される証票等・番号・記号その他の符号であること（対価の発行）

「対価」は財産的価値のあるものであれば足り、必ずしも現金に限られません。また、無償で発行されるポイントは対価性がありませんので、「対価」にはあたりません。

「発行」とは、財産的価値を記載等した証票等を利用者に交付等して、これを利用できる状態におくことです。

「符合」には ID やパスワードも含まれます。

(3) 物品購入等の代価の弁済等に使用されること（権利行使）

商品・サービスの提供を受ける場合に使用することが予定されている証票等が規制対象となり、ゴルフ会員権証のように、証票等を使用せずに商品・サービスの提供を受けることができる場合は規制対象とはなりません。

証票等が利用されても記録された財産的価値が減少しないものはこれに該当しません。

(4) 適用除外事由にあたらないこと

(1)～(3)の3要件を満たした場合でも、資金決済法の規定が適用除外とされる場合があります（同法4条、資金決済法施行令4条）。

①　乗車券、入場券その他これらに準ずるものであって、政令で定めるも

の（資金決済法4条1号、資金決済法施行令4条1項）　整理券的なもの
であることから、規制対象とする必要性は低いと考えられるため、適用
除外とされています。

② 発行の日から政令で定める一定の期間内に限り使用できるもの（資金
決済法4条2号、資金決済法施行令4条2項）　有効期間が短期であるこ
とから、早期に利用され、利用者のリスクは比較的小さく、また、多様
なサービスが提供されることに鑑みて、適用除外とされています。なお、
政令で定める期間は6カ月以内です。

③ 国等が発行するもの、国等に準ずるものとして政令で定める法人が発
行するもの（資金決済法4条3号・4号、資金決済法施行令4条3号）　発
行する主体の信用力に着目して適用除外とされています。日本放送協会
や日本中央競馬会などが国等に準ずるものとして政令で定める法人に該
当します。

④ もっぱら発行する者（密接関係者を含む）の従業員に対して発行される
ものその他これに類するものとして政令で定めるもの（資金決済法4条5
号、資金決済法施行令4条4項）　利用者と発行者とが密接な関係にあ
り、双方に高度の信頼関係がある場合は、利用者保護のしくみを適用す
る必要がないことから、適用除外とされています。会社と提携している
保養施設等で利用できる前払式支払手段などがこれにあたります。

⑤ 割賦販売法その他の法律の規定に基づき前受金の保全のための措置が
講じられている取引に係る前払式支払手段として政令で定めるもの（資
金決済法4条6号、資金決済法施行令4条5項）　ほかの法律で規制され
ていることから適用除外とされています。たとえば、百貨店の友の会発
行のお買い物券や旅行ギフト券がこれにあたります。

⑥ その利用者のために商行為となる取引においてのみ使用することとさ
れているもの（資金決済法4条7号）　事業者間でのみ使用されるもの
は、利用者保護の必要性が低いと考えられることから、適用除外とされ

第1章 総 論

ています。

3 前払式支払手段に関する規制

(1) 規制の概要

資金決済法は、3月末または9月末の残高が1000万円超の自家型前払式発行者（同法3条2項・14条、資金決済法施行令6条、資金決済法3条6項）と、第三者型前払式発行者（同法3条7項）を規制対象としています（Q4の〔図表3〕参照）。

(2) 登録制と届出制

第三者型前払式支払手段は、利用者から前払いされた資金を加盟店に支払うという形で、利用者・加盟店間の取引に係る資金決済を行うしくみであることから金融機能が高く、また、多数の加盟店を要するシステムを運用して行われるため、発行者の倒産などの事態による社会的影響は大きいことから、発行額の多寡にかかわらず登録を要するものとされています（登録制）。他方、自家型前払式支払手段は、前払式支払手段の対象となる商品等は発行者の提供するものに限定されていること、加盟店・利用者間の資金決済を担うわけではないことから、登録制はとられていません。しかし、発行開始後、その未使用残高が基準日（毎年3月および9月末日）において一定額（基準額は1000万円）を超えることとなったときは、利用者が発行者に対して信用を供与するものであることから、消費者保護を図る必要があるため、財務（支）局長に対する届出が必要となります（同法5条）。届出をした自家型前払式支払手段発行業者は、資金決済法の行為規制に服することになります。

(3) 払戻規制

(A) 払戻しの原則禁止

出資法は原則として業としてする「預り金」を禁止しているところ（同法2条1項）、同法にいう「預り金」には、預貯金や定期積金の受け入れやこれらと同様の経済的性質を有するものが広く含まれるとされています（同条2

項)。前払式支払手段について換金や返金等を含め自由な払戻しを認めると、元本の返還約束がされることになり、「預り金」に該当するおそれがあります。また、送金手段としての利用が可能となり、銀行法が禁止する「為替取引」に該当するおそれもあります。そこで、法は、原則として払戻しを禁止したうえで、一定の場合に限り払戻しを認めました（資金決済法20条5項）。

⒝　払戻しが認められる場合

払戻しが認められるのは、次の場合です。

①　発行業務の廃止等（資金決済法20条1項）　　発行業者が、発行業務の全部または一部を廃止し、または登録を取り消された場合は払戻手続を行わなければなりません。

②　発行業務の健全な運営に支障が生ずるおそれがないとされる場合（資金決済法20条5項ただし書、前払式支払手段に関する内閣府令42条）　　たとえば、加盟店の減少など利用範囲が大幅に縮小されるような場合にまで払戻しを禁止することはかえって利用者の利便性や保護に欠けることになります。そこで、払戻額が少額の場合や、基準期間（基準日（3月末日または9月末日）の翌日から次の基準日までの期間）における払戻金額の総額が、その直前の基準期間の発行額（個々の証票等の金額ではなく、基準期間に発行した額の総額です）の20％を超えない場合など、発行業務の健全な運営に支障が生ずるおそれがない場合は払戻しを行うことが認められました。

⑷　発行者の倒産等に備えた規制

発行者が倒産等した場合に利用者を保護するため、前払式支払手段発行者は、基準日（3月および9月末日）時点の前払式支払手段残高（未使用部分）の2分の1以上の額の発行保証金を供託することが義務づけられています（資金決済法14条）。また、供託に代えて、保全契約や信託契約によることもできます（同法15条・16条）。

29

第2章

現金決済・口座振替・口座振込

第2章　現金決済・口座振替・口座振込

Q7　口座振替決済のトラブル──誤振込

> インターネットの通信販売で、バッグを購入しました。代金を銀行振込で支払おうとしたところ、間違えて、指定されていた口座番号と違う番号を入力してしまい、そのまま気づかず別の人の口座に振り込んでしまいました。振り込んでしまった後、すぐに間違いに気づいて銀行に連絡したところ、数日後銀行から連絡がきて、口座名義人との連絡がとれず、その方の承諾がとれないので手続を進めることができないといわれました。私が誤って振り込んでしまったお金は戻ってくるのでしょうか。

▶▶▶ Point

① 誤振込されたお金であっても受取人の預貯金に含まれるのが原則となります。

② 誤振込されたお金については、金融機関に依頼して「組戻し」の手続を行ってもらうことになります。

③ 受取人が誤って振り込まれたお金をそれと知りつつ引き出した場合に犯罪が成立するとされた場合もあります。

1　誤振込されたお金の扱い

　設問のような「誤振込」の場合には、購入代金の「決済」としての法的な効果が生じないことはもちろんですが、誤って振り込まれ、振込先の名義人口座に入金されたお金は、銀行によってどのように扱われるのでしょうか。これについては過去に裁判例が示されています。それらの裁判例によると、誤振込によって送金された場合であっても、そのお金について受取人と銀行

32

との間に（普通）預金契約が成立し、受取人は銀行に対してその金額相当の普通預金債権を取得することになります（最高裁平成8年4月26日判決・民集50巻5号1267頁）。したがって、誤振込によって入金されたお金については受取人の「預金」という扱いになります。このため、銀行としては、たとえ誤振込によるものだという申入れがあったとしても、受取人に対して返還を求めることができません。この場合、銀行実務では、誤振込の申出があった場合は、受取人の承諾を得て振込依頼前の状態に戻す手続（組戻し）を行うようにしているところが多いようです。

2 「受取人」が応じない場合

この「組戻し」に受取人が応じれば問題は解消できます。しかし、受取人がこれに応じない場合（連絡がとれないなどの理由で対応できない場合も含みます）には、振込依頼人としてはどのように対応すればよいのでしょうか。

受取人は、銀行との関係では、上記の振込金について「預金契約者」としての地位を取得できることになりますが、振込依頼人との関係は、法律上これと別異に考えることが可能です。受取人は、振込依頼人との関係でいうと、当該振込金相当額を、正当な「法律上の原因」に基づいて取得したとはいえません（単に振込依頼人の錯誤によって取得したにすぎない）。

よって、振込依頼人は、受取人に対して、当該振込金相当額の金員を「不当利得」であるとして返還するよう請求することができます（民法703条以下）。

そうはいっても、実際に受取人に対して請求する場合には、その連絡先を探知しなければなりません。しかし、「たまたま、誤って入力した」受取人の連絡先がわかることは稀でしょうし、銀行側にも顧客の情報について守秘義務がある関係で受取人の連絡先などを銀行から任意に教えてもらうことは困難と思われます。この場合の対応方法は弁護士等の専門家に依頼して検討することになるでしょう。

33

第2章　現金決済・口座振替・口座振込

3　受取人による引出し

　受取人は銀行との関係では誤振込された金員について預金者としての立場となることからすると、受取人が当該金員を引き出す行為には何ら問題がなさそうにみえますが、必ずしもそうではないことに注意が必要です。

　判例は、1の最高裁平成8年4月26日判決を引用しつつ、「誤った振込みがあることを知った受取人が、その情を秘して預金の払戻しを請求することは、詐欺罪の欺罔行為にあたり、また、誤った振込みの有無に関する錯誤は同罪の錯誤に当たるというべきであるから、錯誤に陥った銀行窓口係員から受取人が預金の払戻しを受けた場合には、詐欺罪が成立する」と判断しています（最高裁平成15年3月12日決定・刑集57巻3号322頁・裁判例5参照）。この判示内容によりますと、ATMやネットバンクを利用して引出し等を行った場合も犯罪の成立する余地があることになります。この点について、下級審の裁判例ですが、市町村が誤って振り込んだ多額の金員を受取人が別口座へ送金した行為について電子計算機使用詐欺罪の成立を認めた裁判例もあります（山口地裁令和5年2月28日判決・刑弁116号87頁・裁判例2参照）。

4　設問の場合

　設問の場合は、振込依頼人の立場としては、誤振込に気づいた時点で直ちに銀行に連絡をして事情を説明し、「組戻し」の手続をとるように依頼することが大切です。

　設問では、受取人と「連絡がとれない」ということですから、組戻しによる返金対応が望めないようであれば、別途、不当利得返還請求を行う必要があります。受取人側が、引き出して費消してしまうと、事実上、回収が困難となる場合もあります。そのような場合も想定して速やかに仮差押えなどの手段を講じることも検討するべきでしょう。また、引出行為が確認された場合には、警察への被害届を行うことを検討する必要があります。

34

Q8　代引き決済のしくみ

Q8　代引き決済のしくみ

通信販売で商品を購入しました。その際、支払方法として、「代引き」というのがありました。この代引きというのはよくみかける言葉ですが、そのしくみを詳しく知りません。代引きとはどのような支払い方法なのでしょうか。

▶ ▶ ▶ Point
① 代引き決済とは、商品と代金とを引き換える方法で行う決済です。
② 代引き決済の方法によるメリットとして、お金を支払ったのに商品が届かないなどのトラブルを回避できる点があります。
③ 代引き決済の方法によるデメリットとしては、手数料の負担や、支払いのための現金準備の手間がかかる等の点があります。

1　代引き決済とは

代引き決済とは、代金引換による決済の略称です。宅配業者が商品を購入者に届ける際に、商品代金を回収して、その後に販売店に送金するという決済のしくみをいいます。代引きによる決済は、物流業界で導入され、物流会社や運送会社の多くがこの代引き決済をサービスとして提供しています。

2　代引き決済の具体的な流れ

⑴　代引き決済の流れ
代引き決済の流れは次のとおりです。
① 購入者が販売店に商品を注文する（決済方法として代引きを選択）
② 販売店が代引き決済の処理をしたうえで商品を発送する（運送会社等

35

第2章　現金決済・口座振替・口座振込

へ依頼）

③　運送会社配達員が、購入者へ商品を届ける。このとき、代金を受け取るのと引き換えに商品を購入者に渡す

④　運送会社配達員は、購入者から受け取った代金を精算して、決済代行業者等を通じて、販売店の口座へ送金する（決済完了）

すべての決済は④の時点で完了しますが、購入者が代金を弁済した（支払った）ことの法的効果は③の時点（弁済受領権限を有する運送会社配達員へ支払った時点）で発生します。

⑵　代引き決済における精算の中身

代引き決済において、購入者が負担する代金には、①商品代金、②送料、③代引き手数料が含まれています。①の商品代金は販売店に送金され、②の代引き手数料は決済代行業者等が取得し、③の送料は運送会社が取得することになります。この代金は代引き総額ともいわれます。

なお、①の商品代金は販売店が決めますが、②の代引き利用手数料は決済代行業者（または運送会社）が、③の送料は運送会社がそれぞれの規定によって決めることになります。もっとも、これらの手数料や送料は販売店等が負担し、購入者は負担しないという場合もあります。

3　代引き決済のメリットとデメリット

⑴　代引き決済のメリット

代引き決済のメリットとしては、まず、クレジットカード番号情報などを入力する必要がないということです。たとえば、インターネットを利用した通信販売において、支払いのためにクレジットカード番号情報を入力することが求められますが、代引き決済の場合はその必要はありません。そのため、そういった情報を入力することに不安や抵抗を感じる方にとっては安心して商品を購入できることになります。

次に、決済と同時に商品を入手できるという点です。通信販売などでは、

先にクレジットカード払いによる決済を済ませたのに、販売店側の事情などにより商品が届かないというトラブルがあります。代引き決済の場合は、商品が届かなければ代金を支払う必要がありませんので、こういったトラブルに遭うリスクはありません。

(2) 代引き決済のデメリット

代引き決済のデメリットとしては、通常よりも手数料がかかるということです。2(2)で述べたように、代引き決済の代金には商品代金、送料のほかに、決済手数料が含まれており、購入者はそれらを負担することになる場合もあります。その場合には、購入者にとって通常の購入代金よりも負担が大きくなってしまいます。そのほか、代引き決済のデメリットとしては、たとえば、現金での決済であることから、商品が届けられるときに現金を準備しておく必要があることや、商品が届くときに在宅せねばならず、たとえば、宅配ボックスなどの利用ができないこと、さらに、そもそも代金引き決済に対応していない販売店なども多いことなどがあります。

4 想定されるトラブル

以上に述べたように、代引き決済による購入手段は、通常よりも代金負担が多くなるというデメリットがあるものの、商品の受け取りと引き換えに代金を支払うという安心感があるといえます。

ただし、商品受け取りの際に実際に商品の中身を確認できるわけではないので、決済後、中身を確認したときに、不足、キズ、商品違いなどが判明するというトラブルが完全に避けられるというものではありません。

また、これとは別に、注文した覚えのない商品が代引き決済で届けられ、事情を知らない家族が決済してしまうというトラブルも考えられます（いわゆる「送り付け商法」により被害を受ける場合もあります）ので、覚えのない発送元から届いた商品については受領を拒否するようご家族とも連絡をとり合うようにして対応するよう心がけておくことが大切です。

37

第2章 現金決済・口座振替・口座振込

Q9 商品送り付けトラブル①

私あてに全く注文した覚えのない商品が郵送されてきました。代金引
換郵便だったので、不在の私に代わって夫が代金を支払ってしまいまし
た。送り主に代金の返還を求めましたが、契約が成立しているといって
返金に応じてくれません。どうしたらいいでしょうか。

▶▶▶ Point
① 送り付け商法とは、注文していない商品を勝手に送り付け、受取人が
　誤って代金を支払うよう仕向けるような手口です。
② 送り付け商法では、受取人が商品を保管するという負担を軽減するため、
　商品の返還を拒めるように法律が改正されました。
③ 送り付けられた商品の代金を誤って支払った場合は、相手に対してこれ
　を返還するよう求めることができます。

1 送り付け商法とは

　注文した覚えのない商品を送り付け、購入をさせようとする方法は「送り
付け商法（ネガティブオプション）」といわれ、古くから不正な取引手段とし
て利用されてきました。このような手口は、受け取った側が誤解することを
利用し、送り付けた商品の使用・費消または決済を誘発し、そのような行動
を理由として契約の成立を主張することで、返品を拒否して代金相当額を請
求しようとするものです（消費期限の短い生鮮食品などを送り付けるケースもよ
くみられます。なお、稀に意図が不明な物品を送り付けるケース（植物の種子など）
もあります）。

38

2　送り付け商法に関する法規制

(1)　2021年の法改正

　送り付け商法に関しては以前から特定商取引法による規制がありましたが、2021年にその内容が一部改正されています。もともと、送り付け商法は、一方的に商品を送り付けてくるのですから、それだけで受け取った側との契約は成立しません。ただ、送られた商品はあくまでも他人の物なので、受け取った側がこれを自由に処分できず、保管しなければなりません。しかし、受け取った側にこのような負担を課すことは不当なので、特定商取引法は、商品の送り付けがあった日から一定期間が経過すると、送り付けた側は以後その商品の返還を請求できなくなるとしました（旧特定商取引法59条）。しかし、この規定だと、受け取った側が商品を「一定期間」保管しなければならないことに変わりがなく、そのことが負担となるため（生鮮食品など）、2021年の特定商取引法改正により、この一定期間の経過がなくても、送り付け商法で送付した商品は返還請求できないとされました（2021年7月6日から施行されています）。

(2)　送り付け商法の法律上の扱い

　送り付け商法では、商品を一方的に送ってきただけですからこの時点で売買契約は成立しません。したがって代金を支払う必要がないことは当然です。ただし、送り付けられた商品は、受け取った側の所有物ではないため、これを処分してよいかどうか判断に困るという事態が生じます。受け取った側で処分ができない場合にはそれを保管する負担も課せられることになります。一方的に送り付けられた商品についてこういった負担を課せられることが不当であることから、特定商取引法では(1)のような改正を行い、受け取った側が、当該商品を直ちに処分することができるようにすることで、こうした不当な負担から解放されるようにしたのです（また、送り付けた側にとって不利な結果になりますから不当な送り付け商法を抑止しようとする効果も期待されま

第2章　現金決済・口座振替・口座振込

す）。なお、注意すべきなのは送り付け商法の規定が適用されるためには、送られてきた商品について売買契約の申込みがあること（つまり、その商品について代金の支払いを求められているという事情があること）が必要です（支払いを求められる時期は商品の送り付けがあった後でもかまいません）。このような事情がない場合、単なる宛先違い（誤配送）の可能性もありますので直ちに処分することは避けるべきです。

③　代金を支払ってしまった場合の法律関係

　送り付け商法によって送られてきた商品について、誤ってその代金を支払ってしまった場合はどうなるのでしょうか。代金を支払ってしまった以上、契約の成立を認めたことになってしまうのかがここでの問題です。

　この問題を考えるにあたっては契約の成立に関する民法527条に留意する必要があります。同条は「申込者の意思表示又は取引上の慣習により承諾の通知を必要としない場合には、契約は、承諾の意思表示と認めるべき事実があったときに成立する」と規定しています。

　この規定の意味は、契約は一方の「申込み」とこれに対する「承諾」によって成立することが原則であるけれども、そのような承諾が必要とされていない「取引上の慣習」がある場合は、「承諾」をしたとみられる事実があれば契約は成立すると扱うというものです。

　商品の売買契約において、その商品の代金を支払った場合、通常、それは売買契約を「承諾」したとみられる事実になりますので、代金を支払った場合にはこの規定によって契約が成立したと扱われるのではないかという疑問が生じます。しかし、この民法の規定は、「取引上の慣習により承諾の通知を必要としない場合」とされ、承諾がなくてもそれに類する行動をした場合には契約が成立するとみてよいという暗黙のルールが存在することが前提です。そのようなルールは、当然、契約当事者となる者の間に取引上の信頼関係があることが基礎となっています。

40

送り付け商法は、一方的に商品を送り付け、受け取った側の誤解を誘発して商品を売りつけようとする不当な取引ですから、「取引上の慣習により承諾の通知を必要としない場合」には該当しません。したがって、送り付け商法の場合に、代金を支払ったとしても民法527条の規定によって契約が成立するということにはならないと考えられます。

4 設問の場合

設問では、送り付けられた商品について、名宛人の「夫が」代金を支払ってしまったということですが、3で述べた理由から、代金の支払いを行ったとしても、契約が成立していないことには変わりはありません。したがって、相手方事業者に対しては契約が成立していないことを理由に、支払ってしまった代金相当額を不当利得として返還請求することができます（民法703条以下）。

なお、設問のケースでは名宛人の「夫が」代金を支払ったという事情がありますが、そのことだけを理由にして返金を請求すること（たとえば、「夫が勝手に支払った」など）が認められるかは、法的には難しい場合がありますので注意が必要です。なぜなら、夫婦間では生活の便宜のために日常家事について相互に代理権を有することとされていますので（民法761条）、その商品が日常的に使用される類の物であった場合には、たとえ夫が支払ったとしても法律上は有効と扱われる可能性があります。このことからすると、やはり契約自体が不成立だという主張を行うのが適切な対応です。

41

第2章　現金決済・口座振替・口座振込

Q10　商品送り付けトラブル②

　甲社が運営する大手通信販売サイトで、乙社が有名メーカーの高級腕時計を格安で販売していたので注文しましたが、甲社から、乙社の都合でキャンセルになったとのメールが届きました。その後、乙社から代引きで商品を送るというメールがきたので、商品を受け取り、代金を配送業者に支払いました。しかし、箱を開けて中を確認したところ、注文した腕時計ではなく、全く別のノンブランドの腕時計でした。返金を求めたいのですが、どうしたらいいでしょうか。

▶ ▶ ▶ Point

① 通信販売のサイト運営者（デジタルプラットフォーマー）は売買契約の当事者（売主）ではない（取引の場を提供する立場にすぎない）ため、運営者に対して売買契約に基づく法的責任を追及することがきません。

② 「商品違い」があった場合は相手方の義務は完了していないのであらためて本来の契約どおりの商品を提供するよう請求することができます。

③ サイト運営者（デジタルプラットフォーマー）には、消費者が販売業者に対して権利を行使するために必要な情報を開示する法律上の義務があるとされています。

1　売買契約の認定

　設問は、甲社の運営する通信販売サイトに出店し商品販売を行っている乙社から高級腕時計を購入したというケースです。この場合は、あくまでも乙社との間での契約となります。

　甲社の立場は、当該取引において取引の場を提供するものにすぎず、その

42

立場から基本的な取引環境整備を行うことが要請されるということはありますが、個々の取引に関して何らかの義務を負うものではありません。個々の取引はあくまでも出店者と申込者との関係であるため、甲社が関与することは原則としてありません。いわゆる「オンラインショッピングモール」や「デジタルプラットフォーマー」などの名称でいわれる立場の者と同様に考えられます。

② 乙社のキャンセルによる影響

設問では、甲社から、乙社の都合でキャンセルとなったという連絡が入ったということですが、甲社が理由なくこのような連絡をすることは考えにくいため、これは乙社の意向を甲社が使者としてそのまま伝えたと考えられます。そうすると、この連絡によれば、当初の乙社との契約は終了したとみることもできます。

その後、乙社から「代引き」で送るというメールが届いています。乙社がこのような連絡を行う事情は、いろいろあると思われます。たとえば、甲社を通じた販売ルートではなく、乙社が独自のルートで販売を行ったほうが、より乙社にとってメリットがあるため、そのような選択をしたという可能性もあるでしょう。穿った見方をすれば、乙社は、大手通信販売サイトである甲社に出店することで、乙社が自身の店舗のブランドイメージを上げる狙いがあったため、あえて甲の販売ルートを利用していたということも考えられます（乙社は甲社を利用して自身のブランドイメージを上げつつ、他方で、甲社に手数料等のお金を支払うことを避けるために甲社に対してあえて契約キャンセルを装ったという事情など）。

乙社からのメールについて、当初の契約が継続しているとみるか、または新たに同じ契約を締結しようとしたものか、どちらであるかは微妙な問題ですが、設問のケースではどちらでも結論に大差はないでしょう。

43

第2章 現金決済・口座振替・口座振込

3 「商品違い」があった場合の責任

　乙社から送られてきた商品を確認したところ、注文していた有名メーカーの高級腕時計ではなく、ノンブランドの腕時計だったということですから、完全な「商品違い」であったということになります（代引き決済で受け取っていますが、その場合も商品受け取りの際に中身を確認できるわけではないので、こういった商品違いのケースが生じることがあります）。

　このような場合は、まずは、乙社に連絡をして商品違いであることを告げ、注文内容どおりの腕時計を送るように求めることになります。これは法的には、乙社の売買契約上の債務の履行を求めることになります。商品違いのものを送ったとしても契約に基づいた債務の履行とは認められませんので、あらためて乙社に対して契約どおりの債務を履行するよう請求することができます。乙社に落ち度があるかどうかにかかわらず、当初の契約どおりの請求ができることになります。

　それでも、乙社が対応しない場合は、売買契約を解除し、支払った代金を返還するよう請求することになります。もし、乙社が対応しない場合には、法的な措置をとることも検討しなくてはなりません。また、甲社の所在地などの連絡先については、甲社が出店契約を交わしていたことから、乙社が把握していると考えられますので、甲社に対してその情報の開示請求を行うことになるでしょう（取引デジタルプラットフォームを利用する消費者の利益の保護に関する法律5条（販売業者等情報の開示請求））。

　なお、乙社が対応しない場合には、乙社が当初から騙すつもりであったという場合も考えられます。この場合は乙社が詐欺（刑法246条）を行ったとして、警察に被害届を出すことも検討しなければなりません。

44

Q11 口座凍結手続とは

Q11 口座凍結手続とは

いわゆる振り込め詐欺救済法に基づく口座凍結の手続とはどのような手続ですか。

▶▶▶ Point

① 口座凍結手続とは、振り込め詐欺救済法に基づき、詐欺に騙されてお金を振り込んだ場合に振込先口座の取引を停止させて最終的に被害者がお金を回収することを可能とする手続です。

② 口座凍結手続は、失権手続、消滅手続、そして支払手続の三段階に分かれて行われます。

③ 口座凍結手続により、振込先口座に残存する預貯金を保全することが可能ですが、ほかの被害者などに優先して支払いを受けられるわけではありません。

1 口座凍結手続とは

口座凍結手続とは、振り込め詐欺救済法に基づく手続です。

詐欺に騙されてお金を振り込んだ場合に、その振込先口座取引を停止させ、残預金を保全する手続です。あわせて保全した後の被害回復金を分配する手続も予定されています。

2 口座凍結手続の概要

振り込め詐欺救済法に基づく口座凍結手続の流れは次のとおりです（〔図表7〕参照）。

45

第2章　現金決済・口座振替・口座振込

(1) 取引停止等の措置を申請すること

詐欺被害に遭った場合には、すぐに警察に被害届を出し、振込先の銀行にも連絡をして、振込先預金口座の取引停止を依頼します（これを「口座の凍結」と呼びます）。

(2) 失権手続

銀行は当該口座が犯罪に利用されたと疑う相当な理由があると認めた場合、取引の停止措置をとります。警察へ被害届を出すのはこの「相当な理由」があることを認めてもらうためです。

この取引停止措置により当該口座の名義人らが当該口座の払戻しをすることができなくなるので、その時点での預金残高が保全されます。

もし、この対応が遅くなれば、相手（詐欺犯）が預金を引き出してしまい、口座凍結が「空振り」になってしまう可能性がありますので、詐欺被害に遭ったらすぐにこの手続を行うことが重要です。

(3) 消滅手続

口座凍結が行われた後、一定の期間（60日以上）が経過すると、その口座の名義人の権利が消滅します（消滅手続）。なお、この期間内に口座名義人等から権利行使の届出があった場合は手続が停止します。そして以後は訴訟等の別の手続によって権利を確定させることになります。たとえば、口座名義人自身から預金残高は自分のものであると主張された場合は、別に裁判手続を利用することによって、正当な権利者が確定されることになります。

(4) 支払手続

期間が経過して口座名義人の権利が消滅した後は、被害に遭った人からの資金分配の申請を受け付けることになります。これは預金保険機構のホームページ上に掲載されることで公告されます（この手続が行われているかどうかを口座番号で検索して調べることができます）。この申請のための期間は法律で30日以上とされ、預金保険機構の運用では「90日」とされています。

この期間内に申請のあった人について、銀行が提出資料などを精査して、

〔図表7〕 振り込め詐欺救済法における手続の流れ

```
① 金融機関による、犯罪利用の疑いがあると認める預金口座等の約
   款に基づく取引の停止等の措置
       ↓ ※被害者から警察への被害届などを実施
② 金融機関による、犯罪利用預金口座等と疑うに足りる相当な理由
   があることの認定                                      ┐
       ↓ 金融機関による預金保険機構への公告の要請           │
③ 預金保険機構による失権のための公告実施                    │ 失
       ┌── なし ──┤・名義人の権利行使の届出                │ 権
       ↓           ・名義人または被害者の訴訟提起等        │ 手
              あり ──→ 訴訟等の既存の法制度による解決      │ 続
④ 一定期間（60日以上の期間）の経過                         │
   失権（名義人の預金等債権消滅）※債権消滅公告実施           │
   （金融期間に被害者への分配金の支払いを行う義務が発生）      ┘
       ↓ 金融機関による預金保険機構への公告の要請           ┐
⑤ 預金保険機構による分配金支払いのための公告実施             │
   金融機関による被害者からの支払申請受付                    │
   （30日以上の申請期間）                                  │
       ↓                                                 │ 支
⑥ 支払請求権の確定                                        │ 払
   （金融機関による、被害者から提出された資料等による被害者・   │ 手
   被害額・支払額の認定）                                  │ 続
       ↓ （注）支払額＝消滅預金等債権の額 × 各被害者の被害額／総被害額 │
⑦ ⑥で認定された被害者への支払い（金融機関により支払い）      ┘
       ↓ 残余財産がある場合は金融機関から預金保険機構へ納付
⑧ 残余財産の活用
   ・一定割合を預金口座等の名義人の救済にあてる
   ・その余を犯罪被害者の支援のために用いる
```

（預金保険機構ホームページ参照）

被害者であることや被害金額がいくらであるかを確認し、支払額がいくらになるかを算出します。

第2章　現金決済・口座振替・口座振込

　その後、被害者であることが認定された申請者に対して、資金を分配して返還することになります（口座残高が申請のあった被害額の総額に不足する場合は、被害額に応じて按分した額が支払われます）。以上の流れを図示すると〔図表7〕のようになります。

3　ほかの手続との関係（注意すべきこと）

　この口座凍結の手続をする前に、当該口座について払戻しの訴訟が提起されていたり、強制執行や仮差押え等の手続が先行して行われていたりする場合には、この手続を利用することができません（振り込め詐欺救済法4条2項）。

　被害者の一人が、当該口座に対して仮差押えを行った場合は、ほかの被害者等はこの手続を利用することができず、結果として「仮差押え」を行った被害者のみが支払いを受けられるということになります。正確には、優先的に支払いを受けるためには、この「仮差押え」を行った後に訴訟を提起して判決を獲得し、確定した判決に基づく差押え（「仮差押え」に対比していえば「本差押え」というべきものです）を行う必要があります。最終的な優先権は、この本差押えを行った者が獲得するということができます。このように、仮差押え等の手続があった場合には、それによって優先的に支払いを受けられる立場に影響があることは留意しておくべきです。

　仮差押えは判決などの債務名義がなくても行うことができる点で迅速な手段ですが、その手続を行うためには、通常、裁判所から「保証金」の支払いを求められます。金額はケースにより異なりますが、被害額（請求額）の2割程度が目安とされます。

　詐欺被害に遭った人が、さらにこの保証金を負担することは容易ではないと思われますが、優先的に支払う立場を確実にしたい場合には検討しておくべき手段といえるでしょう。なお、この手続にあたって疎明資料等の準備が必要ですので、弁護士等の専門家に相談・依頼することが手続をスムーズに行う点で望ましいといえます。

48

Q12 口座凍結手続と特殊詐欺被害への対応

　SNSで知り合った男性と親しくなり、その男性からLINEを通じて「FX取引で儲かる方法がある」「それには申込金200万円が必要」「必ず儲かる」などと言われて信じてしまい、申込金の200万円を男性の指定する銀行口座に振込送金しました。ところがその後、男性とは連絡がとれなくなり騙されたことがわかりました。男性の連絡先はわからず手がかりは振込先銀行口座くらいです。お金を取り戻すために何か方法はないでしょうか。

▶ ▶ ▶ Point

① 振込詐欺などの特殊詐欺の被害に遭った場合、口座凍結手続を利用するほか、騙した相手や口座名義人などに法的に責任を追及することが法的には可能です（ただし、実際には困難であることが多いです）。

② 騙した相手に対して法的な責任を追及するためには相手の氏名・住所などを特定する必要がありますが、その特定には困難を伴うことが多いといわれます。

③ 振込先口座の名義人に対しては、投資詐欺などの犯罪に使用されることを知り得たにもかかわらず、他人に自己名義の口座を提供等した場合に法的責任（不法行為責任）が認められます。

1 振込詐欺の被害に遭ったら

　設問のケースで申込金として支払った200万円は取引の決済としての弁済ですが、そもそも詐欺であることが明らかなケースですから、契約自体が無効であることを前提に返金を求めることを考えることになります。

第2章 現金決済・口座振替・口座振込

　しかし、こういったケースでは相手から任意で返金されることは期待できないでしょうし、そもそも相手がどこの誰かもわかりません。唯一の手がかりになるのは相手が指定した銀行口座だけということが多いと思われます。ただ、この口座名義も相手本人ではなく、第三者名義の口座を悪用しているケースも珍しくありません。したがって、口座情報から相手を特定することも難しいということになります。

　このようなケースでは、振り込んだ銀行口座内の預金を保全してそこから返還を受けることが最も重要な方法となります。次にその方法について説明します。

２　口座凍結手続

　これは、いわゆる振り込め詐欺救済法に基づいて口座取引を停止させ、残預金を保全する手続です。保全した後の被害回復金を分配する手続も予定されています。詳しくは Q11 を参照してください。

３　返還を求める方法

(1)　相手に対する返還請求の可否

　相手に対して振り込んだお金の返還請求をすることは、法的には可能ですが、実際には困難な場合がほとんどであると思われます。相手は始めから騙すつもり（犯罪を行うつもり）で行動していますから、自身の素性がわからないように画策しています。振込先口座名義人も相手本人ではないでしょう。設問のようなケースは、LINE などを利用して振込をさせられることが多いようです。LINE の運営会社に照会するなどの方法で相手方を探知できる場合もありますが（これには弁護士に依頼して弁護士法に基づく照会手続を行ってもらう必要があります）、相手方から誘導されさまざまな方法を利用して振り込ませる手口もみられつつあり、相手を特定することは困難を伴うことが多いようです。

50

(2) 口座名義人への請求の可否

当該口座へ振り込まれたお金は、口座名義人が、本来、法的に受け取る理由のないお金です。したがって、口座名義人に対して不当利得として振り込まれたお金を返還するよう求めることが可能です（民法703条以下）。また、口座名義人はこの詐欺に関与していることから、不法行為に基づく損害賠償請求をする（同法709条・719条）という方法も考えられます。

しかし、この口座名義人の身元がわからなければ、実際に権利を行使することは難しいでしょう。口座名義や口座番号を基に金融機関に照会して住所等の情報を開示する方法については、弁護士等の専門家に相談することになります。

(3) 金融機関に対する請求

口座名義人の身元が判明した場合で、かつ当該口座に残高が残っていた場合には、金融機関に請求して払戻しを受けるよう求めたいところです。しかし、口座名義人本人ではないため、法律上は直接、払戻しを請求する権利がありません。

この場合、口座名義人に対して訴訟を提起し、勝訴判決を獲得したうえで、強制執行手続を利用し、当該口座名義人の払戻請求権を差し押さえることで、支払いを受けることになります。しかし、この方法ではそれぞれの手続に時間を要するため、設問のケースのように迅速な対応が望ましいとされる場合の救済方法としては、あまりお勧めできません（なお、ほかの方法として債権者代位権（民法423条）を行使することも考えられますが、そのためには債務者（ここでは口座名義人）が無資力であることなどが要件として求められるなど、立証することが難しいことが予想されます。これも救済方法としては、あまりお勧めできません）。

第2章 現金決済・口座振替・口座振込

コラム② 誤振込を装った特殊詐欺

　オレオレ詐欺や還付金詐欺といった特殊詐欺（一般的な「詐欺」は人と人とが会うなどしてお金などを騙し取ることですが、「特殊詐欺」は面識のない不特定多数の人に対して電話やハガキ、メールなどを用いて、対面することなく信じ込ませてお金などを騙し取るものです）は手口が日々巧妙化しています。近時、誤振込を装った特殊詐欺により、意図せず警察から加害者側として取り調べを受けることになったというケースが報告されています。

　具体的には次のような手口です。

① 　Aはインターネットで「お金配りキャンペーン」を見てインターネットから応募をしました。

② 　特殊詐欺の犯人から「お金配り当選おめでとう！ 　2万円差し上げますから口座教えて！」というメールがAの元に届きます。

③ 　Aは、言われたとおりに口座番号を教えてしまいます。

④ 　犯人はAの口座に2万円を振り込み、Aを信用させます。

⑤ 　犯人がBに特殊詐欺を働き、犯人は送金先にAの口座を指定します。

⑥ 　Bは犯人の言うとおりAの口座に送金します（たとえば、100万円送金したとします）。

⑦ 　犯人がAに対し、「誤送金してしまいました。10万円は差し上げますので残りを返金してください。間違いがあるといけないので手渡しでお願いします」という連絡をします。

⑧ 　Aは、犯人の指示どおり、90万円を手渡します。

　BにしてみればAの口座に振り込んでいますので、Aを特殊詐欺のメンバーだと考え、警察に申告します。警察も当然Aを特殊詐欺のメンバーだと考えます。しかも、Aは10万円をもらっているので、警察の追及は厳しくなります。

　では、Aはどうすればよかったのでしょうか。考えられる方法としては、Aは⑦の段階で犯人側に対し、手渡しに応じるのではなく、組戻しの手続に応じる旨を伝え、数日しても組戻しの手続が行われなかったときに警察に相談することだと思います。

　甘い話に飛びつかないのが何よりの被害予防ですが、飛びつかないためには常に最新の情報（国民生活センターの見守り新鮮情報や警察からのお知らせメールなど）を手に入れるように、消費者自身も情報の感度を高める必要があります。

52

第3章

割賦販売・個別信用購入あっせん

第3章 割賦販売・個別信用購入あっせん

Q13 割賦販売のしくみと消費者トラブル

割賦販売（自社割賦）のしくみを教えてください。
割賦販売の消費者トラブルにはどのようなものがありますか。

▶ ▶ ▶ Point

① **割賦販売（自社割賦）とは、事業者が消費者に対して商品や権利を販売・役務の提供をする契約をし、その代金や料金の支払いを分割払いで、直接、消費者から徴収する類型の取引です。**

② **割賦販売の種類には、前払式と後払式があり、前払式割賦販売は許可制となっています。**

③ **割賦販売のほとんどはカード等の利用をせずに商品の購入等を行う個別方式です。**

1 割賦販売（自社割賦）とはどのような制度か

割賦販売は、割賦販売法2条1項（後払式）・11条（前払式）に細かな定義規定があり、前払式・後払式、個別方式・包括方式・リボルビング方式などに分類されますが、一般的には、事業者が消費者に対して商品や権利を販売・役務（サービス）の提供をする契約をし、その代金や料金の支払いを「割賦」つまり、分割払いで、直接、消費者から徴収する類型の取引を指します。

割賦販売は、事業者自らが、代金・料金を分割払いで受け取るという「二者間取引」であり、事業者自らが信用供与（代金の後払いを許す）を行う点で「自社割賦」とも呼ばれます。

よって、その決済は代金一括後払い方式の消費者取引とは基本的に同様であり、端的に事業者が消費者から直接代金・料金を支払ってもらう方法がと

54

られます。

この点で、事業者と消費者以外の第三者（クレジット会社）が代金・料金の支払いを立替払いする方式とは決定的に決済方法が異なります。

以上が、一般的な意味での割賦販売ですが、割賦販売法における「割賦販売」は、細かく要件が定められており、前払式・後払式の分類や個別方式・包括方式・リボルビング方式などの分類があります。

このほか、割賦販売では、政令指定制（割賦販売法2条5項、割賦販売法施行令1条1項～3項で指定された商品・権利・役務のみが法の適用対象となる）が採用されている点、割賦要件（代金や役務の対価を2カ月以上の期間にわたり、かつ、3回以上に分割して受領する場合のみが対象となる）が採用されている点などが主な特徴です。

2 割賦販売の種類

(1) 前払式・後払式

事業者が商品を引き渡す前に商品代金を消費者に支払わせる前払式割賦販売（割賦販売法11条）もありますが、ほとんどが、商品を引き渡した後に消費者が代金の支払いを行う後払式です。

前払式割賦販売は、商品を引き渡す前に、消費者に代金を支払わせるので、たとえば、事業者が消費者から代金だけ受け取ったはいいが商品を引き渡さないまま倒産してしまうなどの被害発生を防止するため、開業規制（許可制）、営業保証金の供託、前受金保全措置などの厳しい規制がある点が特徴的です。

一方、後払式の支払方法は、2カ月以上の期間にわたって、3回以上の分割で支払うことが要件とされています。

(2) 個別方式・包括方式・リボルビング方式

割賦販売のもう一つの分類としては、カード等の利用をせずに商品の購入等を行う方式（個別方式）と、事業者が商品の購入等をすることができるカー

第3章　割賦販売・個別信用購入あっせん

ド等を消費者に発行し、消費者がそのカード等を利用して購入等を行う方式
（包括方式）との分類があります。

　このほか、代金の支払方法について、割賦払い（2カ月以上の期間にわたっ
て、3回以上の分割で支払う方法（割賦販売法2条1項1号））だけでなく、包括
方式の場合はリボルビング払いの方式（同項2号）も認められています。

　割賦販売（自社割賦）は、実務上、個別方式・割賦払いの取引が多く、包括
方式やリボルビング方式はほとんどみかけません。

3　割賦販売の消費者トラブルの実例

　割賦販売の当事者は事業者と消費者間の単純な二者間取引なので、割賦販
売を利用しない通常の二者間取引における消費者トラブルと異なる特異な消
費者トラブルがあるわけではありません。

　典型的な例としては、商品が届かない、約束されたサービスが提供されな
いなどの債務不履行、事業者に騙され望まない契約をしてしまったなどの契
約の成否・効力（有効性）に関するトラブルなどが一般的でしょう。

　この場合、事業者と消費者の取引（契約）に消費者契約法や特定商取引法
の適用がある場合には、それらの法律を活用することによってトラブルに対
処することとなる点は、決済手段として「割賦販売」が利用されていない場
合と何ら異なる点はありません。

　もっとも、「割賦販売」特有の消費者保護のための規定がいくつかあるの
で、「割賦販売」という点に着目した場合にはそれらの規定を活用する場面が
あります（詳細はQ14参照）。

56

Q14　割賦販売における消費者トラブルと解決方法

Q14　割賦販売における消費者トラブルと解決方法

割賦販売で消費者トラブルに巻き込まれた場合、賦払金（弁済金）の支払いを停止することができますか。

また、すでに支払ってしまった賦払金（弁済金）の返金を受けることができる場合がありますか。

▶▶▶ Point

① 割賦販売においては、事業者（割賦販売業者）からの代金等の支払請求に対して、当該事業者との取引自体に代金等の支払拒絶理由あれば、それを主張して支払いを停止することができます。

② 割賦販売においては、事業は（割賦販売業者）との間の取引の成立・効力を否定すれば、不当利得・解除に基づく原状回復請求などの名目で支払済みの代金・料金の返還を求めることができます。

③ 割賦販売に特有の制度としては、契約の解除等の制限や解除等に伴う損害賠償等の額の制限の規定などがあります。

1　賦払金（弁済金）の支払いが停止できる場合

Q13で述べたとおり、割賦販売を利用した取引は、事業者と消費者間の単純な二者間取引です。

したがって、事業者からの代金・料金の支払請求に対し、当該消費者取引それ自体について代金（賦払金・弁済金）の支払いを拒絶できる理由・法的根拠がある場合には、それを主張して支払いを停止することが可能となります。

たとえば、当該取引の成立や効力を否定して支払いを停止する方法（契約の無効・取消し・解除（クーリング・オフ等も含む））もありますし、民法の同

57

第3章　割賦販売・個別信用購入あっせん

時履行の抗弁権（同法533条）を主張する方法など、さまざまな方法があります。

　ポイントは、支払方法が「割賦販売」である場合でも、特別なことを考える必要はなく、割賦販売が使われていない場合と同様に、当該取引に適用可能な消費者保護のための法律の規定（民法・消費者契約法・特定商取引法など）を選択・適用して、支払いを停止することが可能である点です。

2　すでに支払った賦払金（弁済金）の返金を受けることができる場合

　支払いの停止の場合と同様、すでに事業者に対して代金・料金（賦払金・弁済金）を支払ってしまった場合に、それを取り戻す（返金を受ける）ことができるかどうかも、当該事業者と消費者間の取引それ自体に着目して考えればよいです。この点は、支払方法として「割賦販売」が用いられていない取引と同様です。

　具体的には、当該取引の成立・効力を否定して、不当利得や解除に基づく原状回復請求などの名目で支払済みの代金・料金の返還を求めればよいです。

　当該取引の成立・効力を否定する方法も「割賦販売」に特有なものはなく、民法・消費者契約法・特定商取引法などに基づき、当該取引（契約）の無効・取消し・解除（クーリング・オフ解除などを含む）を主張して、不当利得返還請求や解除に基づく原状回復請求として既払金の返還を求めればよいです。

3　割賦販売に特有の消費者保護の制度

　割賦販売に特有の消費者保護の制度（民事ルール）としては、契約の解除等の制限（割賦販売法5条。20日以上の相当な期間を定めて書面で支払催告をし、その期間に支払いがない場合に限って、賦払金の支払いの遅滞を理由として未払分を一括請求することができる）の規定や契約の解除等に伴う損害賠償等の額の制

限の規定（同法6条）があります。

　もし、割賦販売業者が割賦販売法5条の規定に違反して残代金の一括請求をしてきた場合や、同法6条の規定の制限を超える違約金や損害金を請求してきた場合には、支払いを拒絶することが可能です。

　このほか、割賦販売法7条には所有権に関する推定規定があり、同法2条1項1号の割賦販売の方法により販売された指定商品（耐久性を有するものとして政令で定めるものに限る。割賦販売法施行令3条）の所有権は、消費者が賦払金を完済するまでは割賦販売業者に留保されます。

　したがって、消費者は代金を完済するまでは商品の質入・転売等の処分はできず、割賦販売契約が解除（割賦販売法5条）され、未払金がある場合には、割賦販売業者に当該商品の返還を求められると消費者は返還に応じなければならない点に留意しましょう。

第3章 割賦販売 ・個別信用購入あっせん

Q15 個別クレジット決済のしくみと消費者トラブル

個別クレジット決済のしくみを教えてください。

個別クレジット決済は、割賦販売・クレジットカード決済とどのような違いがありますか。

▶ ▶ ▶ Point

① 個別クレジット決済は基本的に三者間取引の構造をもち、消費者と事業者間の契約（クレジットの原因取引）、消費者とクレジット会社との間の契約（個別クレジット契約）、事業者とクレジット会社との間の契約（加盟店契約）に分けることができます。

② 個別クレジット決済は、事業者と消費者間の契約（取引）ごとに、個別に、クレジット決済のための契約が締結される点が特徴です。

1 個別クレジット決済の基本的なしくみ

個別クレジット（個別信用購入あっせん）は、割賦販売法2条4項で定義されていますが、一般的には、①消費者と事業者（販売業者・役務提供事業者）間の契約（商品・権利の売買・役務提供の契約。以下、「クレジットの原因取引」といいます）を締結すると同時に、②消費者が、当該事業者が提携するクレジット会社（当該事業者が加盟店となっているクレジット会社。個別クレジット業者）に対して、代金（クレジットの原因取引上の代金）の立替払いを依頼し（当該事業者が消費者に対する代金債権をクレジット会社に債権譲渡する方式もあります）、③立替払いの依頼を受けて、個別クレジット業者が、事業者（加盟店）に代金を立替払いするとともに、消費者は、立替払いをしてもらった代金および分割手数料を個別クレジット業者に対して分割で後払いをする、と

60

いう決済方式のことを指します。

　個別クレジットでは、クレジット会社が事業者にクレジットの原因取引上の代金を一括前払いするので、これによって、消費者の事業者に対する代金債務は消滅し、クレジットの原因取引の決済が完了します。

　他方で、消費者は、個別クレジット業者に対して、立替払いをしてもらったお金を返済する債務が残っています。

　個別クレジット（個別信用購入あっせん）の定義は割賦販売法2条4項で、次のように定められています。

① 　カード等を利用することなく、

② 　特定の販売業者が行う購入者への商品もしくは指定権利の販売または特定の役務提供事業者が行う役務の提供を受ける者への役務の提供を条件として、

③ 　当該商品もしくは当該指定権利の代金または当該役務の対価の全部または一部に相当する金額の当該販売業者または当該役務提供事業者への交付（当該販売業者または当該役務提供事業者以外の者を通じた当該販売業者または当該役務提供事業者への交付を含む）をするとともに、

④ 　当該購入者または当該役務の提供を受ける者からあらかじめ定められた時期までに当該金額を受領すること（当該購入者または当該役務の提供を受ける者が当該販売業者から商品もしくは指定権利を購入する契約を締結し、または当該役務提供事業者から役務の提供を受ける契約を締結した時から2月を超えない範囲内においてあらかじめ定められた時期までに受領することを除く）

以上のように、個別クレジットにおける支払方法は、クレジットの原因取引である契約を締結した時（契約締結日の翌日）から起算して2カ月以内にクレジット代金の支払いが終わってしまう場合（いわゆる翌月一括払い）を除く、すべての後払いを広く含みます。

　なお、個別クレジット決済は、クレジットカード決済と異なり、支払方法

が「翌月一括払い」というのはまずありません。

これは、そもそも、翌月一括払いができる消費者は個別クレジットを利用する必要がなく、現金で一括払いするか、クレジットカード決済の翌月一括決済を利用するほうが簡単だからです。

2 個別クレジット決済と割賦販売・クレジットカード決済との違い

個別クレジット決済においては、割賦販売のように販売業者自らが信用供与をするのではなく、販売業者以外の第三者であるクレジット会社（個別クレジット業者）が信用供与する点が特徴です。

また、個別クレジット決済は、販売業者以外の第三者が信用供与する点でクレジットカード決済（包括クレジット）と共通します。

しかし、個別クレジット決済は、クレジットカード決済と次の点が異なっています。

① カード等の発行・利用を伴わないこと

② クレジットの原因取引（契約）が成立するごとに、クレジットの原因取引上の債務の支払いに特化したクレジット契約（立替払契約・債権譲渡契約）が個別に締結されること

以上に加え、個別クレジット決済におけるクレジット会社（個別クレジット業者）には、事業者との親密な提携関係（加盟店契約関係）があり、事業者とクレジット会社の結び付きが強い点が特徴です。

他方で、クレジットカード決済では、クレジットカード会社（消費者が利用するクレジットカードを発行するクレジット会社）と事業者との間には何らの直接的な提携関係がない場合がむしろ多いです。

個別クレジット決済では、クレジット会社があらかじめ作成した契約書のひな型を事業者（加盟店）に預けておき、事業者（加盟店）は、そのひな型を利用して契約の勧誘を行います。

Q15　個別クレジット決済のしくみと消費者トラブル

　つまり、事業者（加盟店）の勧誘員は、クレジットの原因取引である契約と個別クレジット契約の両方を勧誘して契約締結を完了させます。

　したがって、消費者からみれば、事業者（販売業者や役務提供事業者）と個別クレジット業者は不可分一体の当事者として意識されます。

　そして、個別クレジット決済においてクレジット会社が登場する場面は、契約締結後、意思確認・本人確認・勧誘状況の確認のために電話がかかってくる場面くらいで、消費者にとっては、クレジット会社と契約をしたという意識は非常に希薄となります。

第3章　割賦販売・個別信用購入あっせん

Q16　個別クレジット決済の消費者トラブルの特徴

個別クレジット決済を利用する取引にはどのような特徴があります
か。
個別クレジット決済を利用した消費者トラブルを解決するために理
解をしておくべきポイントを教えてください。

▶▶▶ Point
① 個別クレジット決済が利用されることが多い取引の特徴としては、支払
能力が乏しい消費者に、勧誘員からの強い働きかけによって、高額の商品
が販売されるケースがあげられます。
② 個別クレジット決済が利用される取引における消費者トラブルの解決の
実現には、クレジットの原因取引の成立・効力を否定することがまずは重
要です。

1　個別クレジット決済を利用する取引の特徴

個別クレジット決済における消費者トラブルを理解するためには、個別ク
レジット決済が利用される取引の特徴を理解することが重要です。
個別クレジット決済が利用される取引の特徴は、主に次の2点です。
① 支払能力が不十分な消費者に対して高額の商品・サービスを契約させ
る場合に利用されることが多いこと
② 消費者と事業者が対面で取引を行う場合が多く、事業者の勧誘員から
の強い働きかけによって契約が締結される場合が多いこと
以上のように、個別クレジット決済は、消費者と事業者が対面で契約する
場合で、かつ、支払能力に不安がある（代金を一括払いできず、支払能力が不

64

十分な）消費者に対して高額な商品・サービスを提供する場合に利用されることが多いです。

たとえば、事業者から、「当社が提携するクレジット会社のローンが利用すれば、毎月たったの○○○○円の分割払いで購入できますよ」などと勧誘され、高額の契約をさせられるパターンが一般的です。

取引類型に着目すると、消費者トラブルが多く、特定商取引法の規制対象となっている取引のうち訪問販売・電話勧誘販売・連鎖販売取引・特定継続的役務提供・業務提供誘引販売取引の5類型の取引（以下、本章では「特定商取引法5類型取引」といいます）で用いられることが多いです（通常の店舗における取引でも利用されることもあります）。

利用される商品・サービスに着目すると、高額であり、かつ、対面で取引されることが多い商品、たとえば、貴金属・宝飾品・呉服・時計・パソコン・健康食品・健康器具・浄水器・リフォーム工事・学習用教材・エステティックサービス・美容医療・自動車・バイク・冷蔵庫や洗濯機などの比較的高額な家電製品が多いです。

このような特徴がありますので、たとえば、少額の取引や非対面取引であるインターネット通信販売で個別クレジット決済が用いられるケースはほとんどみかけません。

2 個別クレジット決済における消費者トラブル解決のため理解をしておくべきポイント

以上のように、個別クレジット決済が利用される取引にははっきりとした特徴がありますので、それらを理解すれば、おのずとどのような消費者トラブルが起きやすいのか、どのような視点で問題解決にあたるべきかも理解できます。

まず、個別クレジット決済を利用する消費者は、支払能力に不安を抱えていることが多く、契約も高額であることが多いことから、クレジット代金の

支払いに行き詰まり、結果、多重債務状態となってしまうというトラブルがあります。

後に述べますように、個別クレジットを利用した場合の消費者トラブルの大多数は、クレジットの原因取引（Q15参照）に関するトラブルですが、個別クレジットの原因取引それ自体には大した問題がない場合であっても、支払能力を超えたクレジット契約をしてしまって支払いが苦しくなり、その支払いにあてるため、ほかの消費者金融業者から借入れを繰り返すことによって借金が雪だるま式に膨れ上がり、結果、生活が立ち行かなくなってしまう場合があります。

このような場合には、消費者が抱えるすべての負債について、自己破産・個人再生・債務整理など多重債務問題解決のための方法を検討しなければならないことになります。

次に、先ほど述べましたように、個別クレジット決済を利用した消費者トラブルの大部分は個別クレジットの原因取引上のトラブルです。

これは、個別クレジット決済が対面取引により、事業者からの強い勧誘によって実現されることが多く、望まない、あるいは、支払いに無理のある高額の契約がなされがちであること、とりわけ、訪問販売（キャッチセールスなども含む）・電話勧誘販売などの不意打ち的・攻撃的な勧誘によって望まない高額契約させられるケースが多いこと、消費者トラブルが多発する取引として強い規制がある特定商取引法5類型取引に利用されることが多いことから、必然的に、クレジットの原因取引上の消費者トラブルが多発するのです。

このような場合、まずは、クレジットの原因取引の成立・効力を否定するための方法を検討しなければなりません。

また、個別クレジット決済では、個別クレジット契約が成立するとクレジット会社は事業者（加盟店）に代金を一括前払いするので事業者に対する債務はないものの、クレジット会社に対する債務が残っています。したがって、消費者トラブルが起きた場合は、クレジット会社への支払いを停止する必要

があり、この方法を検討しなければなりません。

　また、すでにクレジット代金の支払いがある程度進んだ段階で消費者トラブルに気づいた場合には、すでに支払済みのクレジット代金の返還を実現するための方法を検討しなければなりません。

　以上をまとめると、次の三つがポイントとなります。

①　クレジットの原因取引の成立や効力をどのように否定し、争うべきか

②　クレジット債務の支払いをどのようにすれば停止することが可能か

③　既払いのクレジット代金の返還をどのようにすれば実現できるか

　各ポイントの詳細は、Q17～Q20で解説しますが、主に次の三つの方法があります。

　①については、民法・消費者契約法・特定商取引法などを活用することによってクレジットの原因取引である契約の成立や効力を否定する方法（契約の無効・取消し・解除）を検討します。

　②については、割賦販売法が特別の規定（支払停止の抗弁）を設けており、その活用を検討します。

　③についても、割賦販売法は特別の規定（個別クレジット契約のクーリング・オフ、過量販売解除・取消し）を設けており、それらの規定の活用を検討するほか、消費者契約法5条の活用を検討します。

第3章 割賦販売・個別信用購入あっせん

Q17 個別クレジット決済の消費者トラブルの解決方法 ①──支払停止の抗弁の制度

　個別クレジット決済を利用した消費者トラブルを解決するための法的制度として、支払停止の抗弁という制度があると聞きました。これはどのような制度なのですか。

▶ ▶ ▶ Point

① 　個別クレジットにおける支払停止の抗弁の制度は、クレジットの原因取引に瑕疵等があり、原因取引の相手方からの支払いを拒絶できる場合に、そのことを理由として、クレジット代金の支払いを拒絶できるという制度です。

② 　消費者が支払停止の抗弁を主張することが信義則に反する場合（クレジットの名義貸しや空クレジットなど）には、支払停止の抗弁を主張できないことがあります。

1 支払停止の抗弁とは

　個別クレジットの消費者トラブルが起きる場面のほとんどは、消費者と事業者である消費者が騙されたり、強引に商品を購入させられたりといったクレジットの原因取引（Q15参照）によるものです。

　個別クレジット決済が利用される場合、クレジット加盟店への支払いは個別クレジット業者の立替払いにより終わっているものの、個別クレジット業者に対する支払いが残っている状況でトラブルが表面化します。

　この場合、消費者としては、さしあたり、今後のクレジット代金の支払いを停止したいと考えるでしょう。この場合に活用できるのが支払停止の抗弁の制度（割賦販売法35条の3の19）なのです。

　この制度は、クレジットの原因取引に何らかの抗弁事由（クレジット加盟店

68

に対する支払いを拒絶できる事情）がある場合に、それを理由に個別クレジット業者からの請求を拒絶できるという制度です。

　本来、クレジットの原因取引と個別クレジット契約は別の契約ですから、クレジット加盟店に対する抗弁事由があっても、それは個別クレジット業者には関係がないとして請求を拒絶できないはずですが、この制度は、これを可能にするものなのです。

　では、なぜ、クレジット加盟店に対する抗弁を個別クレジット業者に対して対抗（接続）できる制度が導入されたのでしょうか。一般的には、次のように説明されています。

① 　クレジット会社とクレジット加盟店との間には業務提携関係（加盟店契約）があること

② 　クレジット契約の締結作業はクレジット加盟店に委託され、売買契約の締結と不可分一体に手続が行われていること

③ 　消費者の意思としては、クレジット加盟店の債務が履行されないときには代金の支払いも拒否できると期待しているのが通常であること

④ 　クレジット会社はクレジット加盟店との継続的な取引関係の中で販売会社を監督できる地位にあり、損失を分散する経済的能力を有していること

⑤ 　消費者はクレジット加盟店との一回的な取引においてクレジット加盟店の実態を把握することは困難であり、万一の損失を負担する経済的能力に乏しいのが通常であること

2　支払停止の抗弁の要件

　個別クレジット決済において支払停止の抗弁が認められる要件は次のとおりです。

① 　個別クレジット（個別信用購入あっせん）の要件を満たしていること

② 　消費者がクレジット加盟店に対して抗弁事由があること

第3章　割賦販売・個別信用購入あっせん

③　支払総額が４万円以上であること（割賦販売法施行令26条）

④　適用除外取引（営業のため・営業として契約をした場合でないことなど）に該当しないこと（割賦販売法35条の３の60）

以上の要件の中で最も重要なのは、②の「抗弁事由」です。

ここでいう「抗弁事由」とは、クレジット加盟店に対して生じている一切の事由を広く含み、契約書に記載されている事由に限らず、口頭のセールストークによる抗弁や付随的特約による抗弁など、商品の販売や役務の提供に伴い、クレジット加盟店に対して生じた事由は原則としてすべて含みます。

具体的には、次のようなケースが該当します。

①　クレジットの原因取引である契約の意思形成過程における瑕疵　クレジット原因取引（商品購入契約）における消費者の意思表示に瑕疵があり、無効・取消しなどの主張ができる場合

②　クレジットの原因取引である契約の履行関係における瑕疵　クレジット加盟店から商品の引渡しがないため同時履行の抗弁権や契約解除が主張できる場合や引き渡された商品に瑕疵があるため、民法上の追完請求・代金減額請求・損害賠償請求・契約解除など（民法562条以下）が主張できる場合

③　クレジットの原因取引である契約について、特定商取引法によるクーリング・オフ・過量販売解除・中途解約権等により契約解除の主張できる場合

3　支払停止の抗弁の行使方法・効果

支払停止の抗弁の行使は、個別クレジット業者からの請求に対し、抗弁事由を主張して支払いを停止する趣旨の抗弁書を提出（必ずしも書面によることは要求されていませんが書面で抗弁事由を具体的に記載することが望ましいでしょう）する方法により行います。

支払停止の抗弁が認められる場合、個別クレジット業者からの支払いを停

70

止することができ、この場合、クレジット契約上の債務不履行にはなりません。

　ここで注意すべきは、支払停止の抗弁は、あくまでも、一時的に支払いを停止できるだけの効果しかないことです。したがって、クレジットの原因取引が無効・取消し等により解消されるのか、個別クレジットの債務自体がなくなるのかなどの問題は支払停止の抗弁だけで解決することができません。

　このように支払停止の抗弁は、暫定的・一時的な解決手法にすぎないことを理解しておきましょう。

　このほか、通達・判例上、消費者が支払停止の抗弁を主張することが信義に反する場合（消費者がクレジットの名義貸しや空ローンに加担していた場合など）には支払停止の抗弁は認められません。

　ここで、「信義に反する」場合とは、単に消費者に何らかの不注意や過失があるだけでは足りず、消費者が、クレジット加盟店がクレジット契約の不正利用によって不正な利益を取得しようとする事情（クレジット会社に対する加害の意思と加害の事実）を認識しながら、その手続や配分に積極的に加担したなどの背信的な事情がある場合に限定されると解するべきです。

　したがって、消費者がクレジット加盟店から騙されて、クレジットの名義貸しや空ローンに加担させられた場合であっても、消費者が何らの利益も得ていないような場合には、支払停止の抗弁の主張が信義に反するとまではいえない場合もあります。

　なお、空ローンとは、「空クレジット」とも呼ばれ、具体的には、クレジット加盟店がクレジットの原因取引の実態がないにもかかわらず、形式上個別クレジット契約を締結し、クレジット会社から立替金を騙し取る手法のことを指します。

71

第3章 割賦販売・個別信用購入あっせん

Q18 個別クレジット決済で既払金の返還を求める方法 ②──クーリング・オフ

個別クレジット決済を利用した場合、クレジットの既払金の返還を求める方法について教えてください。

個別クレジット契約のクーリング・オフについても教えてください。

▶▶▶ Point

① 個別クレジット決済において割賦販売法に基づきクレジット既払金の返還を求めることができる場合とは、個別クレジット契約をクーリング・オフする場合、過量販売解除する場合、不実告知等により取り消す場合の三つです。

② 個別クレジット契約をクーリング・オフできるのは、クレジットの原因取引が特定商取引法によってクーリング・オフができる場合に限定されます。

③ 個別クレジット契約をクーリング・オフすれば、クレジットの原因取引もクーリング・オフされたものとみなされます。

1 個別クレジット決済で既払金返還請求をする方法

個別クレジット決済を利用した場合、既払いのクレジット代金返還請求をする方法は次の三つで、割賦販売法で認められています。

① 個別クレジット契約のクーリング・オフ（割賦販売法35条の3の10・35条の3の11）

② 個別クレジット契約の過量販売解除（割賦販売法35条の3の12）

③ 個別クレジット契約の取消し（割賦販売法35条の3の13・35条の3の14・35条の3の15・35条の3の16）

72

Q18　個別クレジット決済で既払金の返還を求める方法②──クーリング・オフ

これらの共通点はクレジットの原因取引（Q15参照）が特定商取引法５類型取引（Q16参照）に該当する場合であるという点です。まず、Q18では、①の方法について説明します（②はQ19、③はQ20参照）。

2 個別クレジット契約のクーリング・オフの要件

クレジットの原因取引が特定商取引法５類型取引である場合は、クレジットの原因取引自体について特定商取引法によりクーリング・オフが認められていますが、個別クレジット契約自体についても割賦販売法によってクーリング・オフすることが認められています（同法35条の３の10・35条の３の11）。

個別クレジット契約のクーリング・オフの要件は次の４要件です。

①　特定商取引法５類型取引をクレジットの原因取引とする個別クレジット契約であること（積極要件。消費者側が立証責任を負う）

②　申込書面または契約書面（いずれか早いほう）の受領日から起算して、クレジットの原因取引の類型に応じ、８日または20日以内（ⓐ 訪問販売に係る契約・電話勧誘販売に係る契約・特定継続的役務提供等契約は８日、ⓑ 特定連鎖販売個人契約・業務提供誘引販売個人契約は20日）であること（クーリング・オフ期間）

③　申込みの撤回または解除（クーリング・オフ）に関して、不実告知・誤認や威迫・困惑があったことを原因として、消費者が②の期間内にクーリング・オフができなかったときは、個別クレジット加盟店または個別クレジット業者が、あらためてクーリング・オフを行うことができる旨を記載した法定書面を消費者に交付し、消費者がこの書面を受領した日から起算して８日または20日以内であること（８日と20日の契約類型の別は②と同様）

④　書面により個別クレジット業者に通知すること（書面主義）

73

第3章 割賦販売 ・個別信用購入あっせん

3 個別クレジット契約のクーリング・オフの効果

個別クレジット契約がクーリング・オフされると次の効果が生じます。

一つ目は、個別クレジット業者に対してクーリング・オフ通知を発信すれば（効果の発生時期は発信時です）、個別クレジット契約がクーリング・オフされるとともに、クレジットの原因取引も（反対の意思を表示しない限り）クーリング・オフされたものとみなされます（みなしクーリング・オフ、クーリング・オフ連動。割賦販売法35条の3の10第5項・35条の3の11第7項）。

したがって、特定商取引法によるクーリング・オフがなされた場合と同様の効果が消費者とクレジット加盟店との間で発生します。この際、消費者はクレジット加盟店に対して別途クーリング・オフ通知をする必要はありません。

二つ目は、個別クレジット契約はクーリング・オフにより、契約不成立（申込みの撤回）または解除となります。

三つ目は、個別クレジット業者は、消費者に対して損害賠償や違約金を請求することができません（割賦販売法35条の3の10第3項・35条の3の11第8項）。

四つ目は、個別クレジット業者は、クレジット加盟店に立替払いをしたときであっても、消費者に対して立替金の全部または一部に相当する金額、不当利得返還請求・不法行為による損害賠償請求・求償権の行使等の支払いを請求することができません（割賦販売法35条の3の10第7項・35条の3の11第9項・13項。ただし、クレジットの原因取引がクーリング・オフされたものとみなされない場合は除きます）。

五つ目は、個別クレジット業者は、消費者から個別クレジット契約に関連して金銭（クレジット既払金）を受領しているときは、速やかに消費者に返還しなければなりません（割賦販売法35条の3の10第9項・35条の3の11第11項・14項。ただし、クレジットの原因取引がクーリング・オフされたものとみなされな

74

Q18　個別クレジット決済で既払金の返還を求める方法②——クーリング・オフ

い場合は除きます）。

　以上の五つ目の効果によって、消費者は、個別クレジット業者からクレジットの既払金の返還を求めることができます。

　法律によって認められている個別クレジット契約のクーリング・オフの効果について、当事者間で異なる特約を定めることは可能ですが、消費者にとって不利な内容の特約を定めた場合には無効になります。

　このほか、個別クレジット契約のクーリング・オフによって、個別クレジット業者とクレジット加盟店との間でも次の効果が発生します。

　一つ目は、個別クレジット業者は、消費者から個別クレジット契約のクーリング・オフ通知を受け取った場合には、クレジット加盟店に対して、クーリング・オフ通知を受け取ったことを通知しなければなりません。

　二つ目は、クレジット加盟店は、個別クレジット契約のクーリング・オフに伴って売買契約等がクーリング・オフされたものとみなされた場合には、個別クレジット業者から受け取った立替金を個別クレジット業者に対して返還しなければなりません。

75

第3章　割賦販売・個別信用購入あっせん

Q19　個別クレジット決済で既払金の返還を求める方法 ③——過量販売解除

個別クレジット契約の過量販売解除について教えてください。

個別クレジット契約のクーリング・オフとの違いについても教えてください。

▶▶▶ Point

① 　個別クレジット契約を過量販売解除できるのは、クレジット契約の原因取引が訪問販売・電話勧誘販売の過量販売に該当する場合です。

② 　個別クレジット契約を過量販売解除すれば、個別クレジットをクーリング・オフした場合と同様の効果があり、消費者は、既払いのクレジット代金の返還を求めることが可能になります。

1　個別クレジット契約の過量販売解除とその要件

クレジット契約の原因取引（Q15参照）が特定商取引法の訪問販売または電話勧誘販売の「過量販売」に該当する場合（同法9条の2・24条の2）には、同法により、クレジットの原因取引自体について過量販売解除ができますが、個別クレジット契約自体についても過量販売解除することが認められています（割賦販売法35条の3の12）。

個別クレジット契約の過量販売解除の要件は次のとおりです。

① 　クレジットの原因取引が訪問販売・電話勧誘販売による過量売買契約（特定商取引法9条の2・24条の2）といえること　　ここで、「過量」とは日常生活において通常必要とされる分量を著しく超えることを指します。個別クレジット業者が、クレジットの原因取引が過量販売契約に該当することについて認識していることや過失により認識しなかったこと

76

は要件となりません（その意味で無過失責任です）。

② 個別クレジット契約の締結日から1年以内に行使すること　クーリング・オフと異なり、解除権の行使は消費者が個別クレジット業者に対する解除の意思表示によりますので、書面によることは要求されておらず、解除の効果が生じるためにはクレジット業者に送達することが必要です。

③ 消費者に過量販売契約の締結を必要とする特別の事情があった場合には、例外的に過量販売解除ができません（例：親戚に配るために大量に商品を購入する必要があったからなど。この事情については個別クレジット業者が立証責任を負います）。

なお、過量販売といっても次の三つの類型があり、解除ができる範囲が異なりますので、簡単に説明をしておきます。

① 一度に過量と評価される商品等の訪問販売契約の場合　売買契約等（特定商取引法による）および個別クレジット契約の全部を解除することができます。

② 過去の売買契約等の累積に今回の販売業者等の行為を加えることによって過量販売となる場合　クレジット加盟店がさらなる契約により過量になることを知りながら行った売買契約等だけが解除の対象で、これに利用された個別クレジット契約のみ解除することができます。クレジット加盟店が過量販売になることを知っていたことが必要で、この点については消費者が立証責任を負います。

③ 過去の売買契約等の累積からすでに過量になっている場合　クレジット加盟店がすでに過量となっていることを知りながら行われた売買契約等のみが解除の対象で、これに利用された個別クレジット契約のみを解除することができます。クレジット加盟店が過量販売になっていることを知っていたことが必要で、この点については消費者が立証責任を負います。

77

第3章　割賦販売・個別信用購入あっせん

② 個別クレジット契約の過量販売解除の効果

　個別クレジット契約が過量販売解除されると次の四つの効果が発生します。

　一つ目は、個別クレジット契約は解除により失効するので、個別クレジット業者は消費者に対して、個別クレジット契約が有効であることを前提とするクレジット代金の請求（立替金請求）ができません。

　二つ目は、個別クレジット業者は、消費者に対して、個別クレジット契約の解除等に伴う損害賠償または違約金を請求することができません（割賦販売法35条の3の12第3項）。

　三つ目は、個別クレジット業者は、すでに商品等の代金役務の対価の全部または一部に相当する金額をクレジット加盟店に交付していた場合でも、消費者に対し、交付をした当該商品等の代金または役務の対価の全部または一部に相当する金額、その他当該個別信用購入あっせんにより得られた利益に相当する金銭の支払いを請求することができません（割賦販売法35条の3の12第4項本文）。

　四つ目は、個別クレジット業者は、消費者から受け取った既払金を、速やかに消費者（購入者）に対して返還しなければなりません（割賦販売法35条の3の12第6項）。

　以上の四つ目の効果によって、消費者は個別クレジット業者に対してすでに支払ったクレジット代金の返還を求めることが可能になります。

　そのほか、クレジット加盟店は、個別クレジット契約の過量販売解除があった場合において、個別クレジット業者からすでに商品等の代金または役務の対価の全部または一部に相当する金額の交付を受けていたときは、個別クレジット業者に対し、当該交付を受けた商品等の代金または役務の対価の全部または一部に相当する金額を返還しなければなりません（割賦販売法35条の3の12第5項本文）。

78

3 個別クレジット契約のクーリング・オフとの違い

　個別クレジット契約のクーリング・オフと過量販売解除の違いは次のとおりです。

　一つ目は、個別クレジット契約のクーリング・オフの場合はクーリング・オフ連動が生じ、原因取引である売買契約等もクーリング・オフされるとみなされますが、個別クレジット契約が過量販売解除された場合は、その原因となった売買契約は連動して解除されるわけではありませんので、消費者は、過量売買契約それ自体について別途、特定商取引法9条の2や24条の2に基づき、過量販売解除の通知をしておく必要があります。

　二つ目は、個別クレジット契約の過量販売解除より先にクレジットの原因取引を特定商取引法によって過量販売解除した場合は、規定上、個別クレジット業者の消費者に対する立替金の請求ができないとする規定とクレジット加盟店の立替金の返還義務の規定が適用されませんので（同法35条の3の12第4項・5項）、実務的には、個別クレジット契約を先に解除すべきです。

　三つ目は、過量販売解除は書面で通知すべきことは要求されておらず、その効果の発生時期は通知が到達した時（到達主義）とされており、以上についてもクーリング・オフとは異なっています。

第3章　割賦販売・個別信用購入あっせん

Q20 個別クレジット決済で既払金の返還を求める方法 ④──不実告知・事実不告知による取消し

個別クレジット契約の取消しについて、教えてください。

また、個別クレジットの原因取引が特定商取引法5類型取引（訪問販売・電話勧誘販売・連鎖販売取引・特定継続的役務提供・業務提供誘引販売取引）に該当しない場合にクレジットの既払金を求めることができますか。

▶▶▶ Point

① クレジットの原因取引が特定商取引法5類型取引の場合、販売業者に不実告知や事実の不告知があれば、個別クレジット契約を取り消すことができる場合があります。

② 個別クレジット契約が不実告知等を理由に取消された場合、消費者は、支払済みのクレジット代金の返還を個別クレジット業者に求めることができる場合があります。

1 個別クレジット契約の取消しとその要件

クレジットの原因取引が特定商取引法5類型取引（Q16参照）である場合、契約締結に際して、クレジット加盟店に不実の告知または故意の事実不告知があり、これによって、消費者が誤認して個別クレジット契約の申込みまたは承諾の意思表示をしたときは、消費者は当該意思表示を取り消すことができます。

そして、この意思表示の取消しの効果として、消費者は、個別クレジット業者に対してクレジット既払金の返還請求ができます（割賦販売法35条の3の13～35条の3の16）。

80

個別クレジット契約の取消しの要件は次のとおりです。

① クレジット契約の原因取引が特定商取引法5類型取引であること

② クレジット加盟店が消費者に対して勧誘に際して不実告知または故意の事実不告知をし、これによって消費者が誤認して個別クレジット契約の申込みまたは承諾の意思表示をしたこと　不実告知とは、販売契約等に関する事項について事実と異なることを告げることを指します。また、故意の事実不告知とは、販売契約等に関する事項について、クレジット加盟店が知っている事実をあえて消費者に告げないことを指します。他方で、クレジット加盟店が不実告知等をしたことについて個別クレジット業者が知っていたかどうかは問いません。

③ 追認をすることができる時（消費者が誤認したことに気づいた時を指します）から1年以内または個別クレジット契約締結時から5年以内に取消権を行使すること

2 個別クレジット契約の取消しの効果

個別クレジット契約が取り消されると次の効果が生じます。

① 個別クレジット業者の消費者に対する立替金等の請求禁止（割賦販売法35条の3の13第2項など）　消費者が個別クレジット契約を取り消し、かつ、クレジットの原因取引が「初めから無効である場合」は、個別クレジット業者は消費者に対してクレジット加盟店に対して立替払いをしたクレジット代金の全部または一部を請求することができません。クレジットの原因取引が初めから無効である場合とは、未成年者取消し（民法5条）、公序良俗違反（同法90条）、錯誤取消し（同法95条）、詐欺・強迫取消し（民法96条）、特定商取引法によるクーリング・オフおよび取消し、消費者契約法4条による取消し等により個別クレジット契約の対象となる売買契約や役務提供契約が無効となる場合を指します。

② クレジット加盟店の個別クレジット業者に対する立替金等の返還義務

第3章　割賦販売・個別信用購入あっせん

（割賦販売法35条の３の13第３項）　割賦販売法35条の３の13第２項の場合において、クレジット加盟店は、個別クレジット業者に対し、交付を受けた商品等の代金役務の対価の全部または一部に相当する金額を返還しなければなりません。

③　個別クレジット業者の消費者に対する既払金返還義務（割賦販売法35条の３の13第４項）　消費者が個別クレジット契約を取り消し、かつ、クレジットの原因取引が初めから無効な場合において、消費者が個別クレジット業者に対して金銭を支払っているとき（既払金がある場合）は、消費者は個別クレジット業者に対してその返還を請求することができます。

③の効果によって、消費者は個別クレジット業者に対して既払いのクレジット代金の返還を請求することができます。

以上のように個別クレジット契約を取り消して既払金の返還請求をするためにはクレジットの原因取引が「初めから無効」（遡及的無効）となっていることが必要ですので、消費者は、個別クレジットの取消しの通知をするだけでなく、クレジットの原因取引それ自体を遡及的無効にするための行為（原因取引自体の取消し等）を同時に行っておく必要があります。

3 個別クレジット契約の取消し──困惑類型・特定商取引法５類型以外の場合

割賦販売法に基づく個別クレジット契約の取消しは、クレジット加盟店の不実告知・故意の事実不告知によって消費者が誤認することが必要です。

それでは、クレジット加盟店が消費者に対して、不実告知・故意の事実不告知以外の不当な勧誘（不退去・退去妨害などの威迫等）を行い、消費者が困惑して個別クレジット契約の申込み・承諾の意思表示をした場合はどのように対処をすればいいでしょうか。この場合について割賦販売法は規定していないので問題となります。

82

Q20　個別クレジット決済で既払金の返還を求める方法④──不実告知・事実不告知による取消し

　さらに、クレジットの原因取引が特定商取引法５類型取引に該当しない場合も割賦販売法は個別クレジット契約の取消しについて規定をしていませんので、同様に問題となります。

　結論をいいますと、消費者契約法５条・４条を利用することにより、消費者は個別クレジット契約の取消しをすることが可能で、結果、個別クレジット契約は遡及的に無効となり、消費者は個別クレジット業者に対して不当利得に基づき既払金の返還請求をすることができます。

　消費者契約法５条は事業者が第三者に対して消費者契約の締結の媒介を委託した場合等において、委託を受けた第三者等が同法４条１項～４項に規定する不当勧誘行為（不実告知・断定的判断の提供・困惑惹起行為・過量契約を勧誘する行為）をした場合の消費者契約の取消権について規定しています。

　この規定を個別クレジット契約にあてはめると、事業者である個別クレジット業者が第三者であるクレジット加盟店に対し、消費者契約である個別クレジット契約の締結について媒介をすることを委託する場合に該当します。

　消費者契約法は特定商取引法５類型取引に該当しない場合も広く含みますし、消費者契約法４条１項～４項は割賦販売法で定める不実告知・故意の事実不告知以外の不当な勧誘方法も含みますので、この規定を適用することによって、消費者は個別クレジット契約を取り消し、既払金の返還を請求することができることとなります（この場合、消費者は同時にクレジットの原因取引である契約についても同時に取り消しておくとよいでしょう）。

83

第4章

クレジットカード決済

第4章　クレジットカード決済

Q21　クレジットカード決済のしくみと消費者トラブル

クレジットカード決済の基本的なしくみを教えてください。

クレジットカード決済ではどのような消費者トラブルに注意すれば
よいですか。

▶▶▶ Point

① 　クレジットカード決済は、消費者とカード会社のカード会員契約に基づ
き、消費者が、取引に際してカードを提示等することで、カード会社に代
金を立替払いしてもらい、後日、消費者はカード会社に対して立て替えて
もらった代金を分割払い等で返済するという取引です。

② 　クレジットカード会社が立替払いをする代金債務が発生する原因となる
契約（取引）がクレジットの原因取引で、クレジットカード決済における
消費者トラブルのほとんどはクレジットの原因取引上のトラブルです。

1　クレジットカード決済の基本的なしくみ

商品の購入やサービスの提供を受ける場合の代金の支払方法（決済手段）で
よく利用されているものの一つが「クレジットカード決済」です。

クレジットカード決済の基本的なしくみは、まず、利用者（消費者）が店舗
等事業者と「商品の購入」や「サービスの提供」などの契約（取引）（クレジッ
トの原因取引（Q15参照））を行いますが、その代金の支払いを現金で支払う代
わりに利用者が加入しているクレジットカードを提示したり、クレジットカー
ド番号等を通知したりすることによって、決済が完了する（クレジットカード
会社が利用者に代わって、店舗等事業者に対して代金を立替払いする）ものです。

利用者がクレジットカードの提示等をすれば、クレジットカード会社が事

86

業者に代金を一括で支払うので、代金の決済は瞬時に完了し、利用者は現金を支払わなくても商品・サービスの提供を受けることができるわけです。

　他方で、利用者は、クレジットカード会社に代金を立替払いしてもらったことになるので、後日、クレジットカード会社に立て替えてもらった代金を銀行口座からの引落・分割払いなどの方法で支払わなければなりません。

　このようにクレジットカード決済の特徴は、消費者に手持現金がなくても瞬時に決済を行うことによって商品・サービスの提供を受けられ、代金も後払いでいいことから、商品・サービス提供とその決済を簡易迅速に完了することができるという圧倒的な利便性にあります。

2　クレジットカード決済の契約関係

　1でクレジットカード決済のしくみを述べましたが、当事者間の契約関係についても簡単に説明します。

　まず、消費者（利用者）はクレジットカード会社との間で「クレジットカード会員契約」を締結してカード会員となります。これによって、クレジットカード会社からクレジットカードの発行を受け、そのカードを買い物等に利用することができます。

　消費者はクレジットカードを使って買い物などの取引をしますが、そうした取引は、消費者と店舗等事業者間の売買契約や役務提供（サービスの提供）契約で、さまざまなものがあります。そして、この取引が先ほど1で述べた「クレジットの原因取引」に該当します。

　他方で、クレジットカード決済ができるためには、その前提として、消費者が取引を行う店舗等事業者において当該クレジットカードが利用可能であることが必要です。クレジットカード決済がそもそも利用できないお店もありますし、クレジットカードの種類によっては使えない場合もあります。

　クレジットカードが店舗事業者での決済に利用可能であるためには、当該店舗を運営する店舗事業者等がクレジットカード会社の加盟店となっている

87

第4章　クレジットカード決済

ことが原則として必要です。ここで、加盟店となるための店舗事業者とクレジットカード会社との間の契約を「加盟店契約」といいます。現在では、できるだけたくさんのお店でクレジットカードが使えるようにするため、お店とクレジットカード会社との間で直接加盟店契約がない場合でも、決済代行業者などを通じて、いわば間接的な加盟店関係ができ上がっていれば、クレジットカード決済が利用できるようになっていますし、消費者が会員となっているクレジットカード会社と店舗事業者が加盟しているクレジットカード会社が別会社であっても、カードのブランド（VISA・Mastercard・JCB・American　Express などの国際ブランド）が共通ならクレジットカード決済が可能です。

3 クレジットカード決済における消費者トラブル

　クレジットカード決済において注意すべき消費者トラブルにはどのようなものがあるでしょうか。大きく二つのトラブルがあるので、簡単にご説明します（クレジットカードの付帯サービスであるキャッシングを利用した場合は割愛します）。

　まず、最も多いトラブルは「クレジットの原因取引」において消費者（利用者）と店舗等事業者間にトラブル（商品が届かない、騙されて契約してしまったなど）が発生した場合において、消費者がクレジットカード会社に対する支払いを止めることができるか、あるいは、すでに引き落とされてしまったクレジットカード代金の返還を求めることができるか、という問題です。

　次に、注意すべきトラブルは、クレジットカードの不正利用、すなわち、クレジットカード会員以外の無権限者が利用した場合（盗まれたカードを利用したなりすましや同居の親族等が無断で利用した場合など）に、利用者（クレジットカード会員）がクレジットカード会社からの支払いを止めることができるのか、あるいは、すでに引き落とされてしまったクレジットカード代金の返還を求めることができるかという問題です（Q22で検討します）。

88

Q21　クレジットカード決済のしくみと消費者トラブル

┌─ コラム③ ── リボ払い ════════════════════════

　クレジットカードの利用料金の支払方法の一つにリボルビング払いという
方法があります（「リボ払い」「リボ」などと呼ばれています）。

　リボ払いは、月々の利用金額や利用件数にかかわらず、あらかじめ設定した
一定の金額を月々支払っていくという点が特徴で、月々の支払額を一定にでき
ることから、毎月のクレジットカードの支払額が予想でき、その意味で、家計
の管理に役に立つ場合があること、支払能力が十分にない利用者にとっては毎
月の支払額を予想の範囲内に抑えることができることから、多く利用されてい
ます。

　分割で支払うという意味では、リボ払いは、「分割払い」と似ていますが、
厳密にいいますと両者は別のものです。

　分割払いの場合は、クレジットカードを利用した時点で、利用金額は確定し
ており、その利用金額を支払っていく回数（支払回数）を選択し、当該利用金
額（実際には利用金額に分割手数料が加算されることがあります）を支払回数
で割った額を毎月支払っていくことになります。

　したがって、分割払いは、リボ払いと異なり、利用金額と支払回数が取引ご
とに決まることから、取引ごとに、毎月の支払額も変わってくることになり、
この点が、リボ払いとの大きな違いです。

　リボ払いの方式についても簡単に説明しておきましょう。典型的なのは以下
の二つの方式です。

　一つ目は、「定額方式」というもので、支払残高の大きさに関係なく、毎月
一定額（たとえば、毎月１万円などの設定をしておく）を支払っていくという
ものです。実際の支払額は、設定した額と手数料（設定額に手数料が含まれて
いる場合もある）となります。

　二つ目の方式は、残高スライド方式というもので、簡単にいうと、支払残高
の大きさに応じて毎月の支払額が段階的に変動するという方式です。

　具体的には、支払残高が大きければ大きいほど、支払額も増えますが、その
支払額はあらかじめ設定されており、たとえば、支払残高が10万円未満の場合
は毎月１万円、10万円以上20万円未満の場合は毎月２万円、20万円以上の場合
は支払残高が10万円増えるごとに毎月の支払額が１万円アップするなどの設
定（方法）です。

　先にも述べたとおり、リボ払いは毎月の支払額があらかじめ把握できるの
で、家計管理がしやすくなることや毎月の支払額を抑えたい利用者にとっては

89

便利な面があることは否定できません。

　しかし、毎月の支払額が一定額にとどまるために、毎月の支払いに痛みを感じにくく、クレジットカード決済の利用頻度が増えてしまい、多重債務状態に陥ってしまう危険があること、何よりも、リボ払いにおいては支払残高に応じた決して安いとはいえない手数料がかかってくることから、毎月の一定の支払額の相当部分が手数料の支払いにあてられ、その結果、クレジットの利用残高がなかなか減らず、返済するための期間が長期化し、同様に多重債務状態に陥ってしまう危険があることです。

　支払方法をどのように設定するのかは、もちろん、クレジットカード利用者が選択（設定）できますので、リボ払いによる利用をするかどうかは、あくまでも利用者が決めることができます。

　利用者がリボ払いの設定（選択）をするタイミングは複数あり、具体的には、①クレジットカードの発行（入会）時にリボ払いを選択する方法（発行時からリボ払い専用のクレジットカードもあります）、②クレジットカードの利用時に個別に選択する方法、③後からリボ（後リボ）と呼ばれるもので、利用時には一回払い等リボ払い以外の支払方法で利用をしたものの、その後、利用者がクレジットカード会社に対して一定期間内に申し出れば、当該利用料金の支払方法をリボ払いに変更できるという場合があります。

　クレジットカード会社としては、リボ払いにしてもらうほうが、長期にわたって利用者から手数料を取得することができますので、当然、支払方法はリボ払いにしてもらいたいという強い動機があります。

　そこで、あの手、この手で、支払方法をリボ払いの設定・選択にするよう、利用者を誘引することがありますので、注意が必要です。

　たとえば、リボ払いにした場合はポイントが３倍になるとか、クレジットカード発行申込み時に、利用者が意図的に変更しない限り、自動的に支払方法がリボ払いになるような設定にされていたりするなどです。

　クレジットカードの発行を受けたときに支払方法がどのように設定されているのかを利用案内書やクレジットカード規約をよく読んで確認することや、毎月の利用明細書を見てリボ払いのために多額の手数料を支払わされていないかなどに注意を払う必要があります。

Q22　クレジットカード決済と支払停止の抗弁

Q22　クレジットカード決済と支払停止の抗弁

　クレジットカード決済を利用した契約において店舗事業者との間で
トラブル（商品が届かない、違った商品が届いた、騙されて商品を購入した
など）が生じた場合、クレジットカード会社への支払いをしなければなり
ませんか。支払いを停止することができる場合について教えてください。

▶ ▶ ▶ Point

①　クレジットカード決済においては、クレジットの原因取引に瑕疵がある
　場合には、それを理由に、クレジットカード会社からの支払請求を拒絶す
　ることができます（支払停止の抗弁）。

②　支払停止の抗弁は暫定的な措置にすぎないので、根本的なトラブル解決
　を実現するためには、クレジットの原因取引を失効させることが必要とな
　ります。

1　クレジットカード決済におけるクレジットの原因取引上のト
　　ラブルが生じた場合の法律関係

　消費者が事業者との間の契約にクレジットカード決済を利用した場合にお
いて、クレジットの原因取引（Q15参照）にトラブルが起きた場合、消費者は
クレジットカード会社に支払いをしなければいけないのかという問題が生じ
ます。

　特に、契約どおりの商品が届かない、サービスが受けられない、騙されて
望まない契約をさせられたことが後日わかったなどの深刻なトラブルの場
合、消費者としては、クレジットの原因取引自体を解除・取消しをして当該
事業者には代金・料金の支払いを拒否したいのが通常です。

91

第4章 クレジットカード決済

しかし、クレジットカード決済の場合、すでにクレジットカード会社は事業者に代金を立替払いして決済が完了しており、消費者が支払いをする相手はトラブルの生じた相手方事業者ではなく、クレジットカード会社です。

そこで、消費者が、事業者との間で生じた「クレジットの原因取引」上のトラブルを理由に、別の取引主体である、クレジットカード会社への支払いを拒絶できるのかという問題が生じるのです。

クレジットの原因取引とクレジットカード会員契約およびこれに基づく立替払契約は別の契約なので、消費者は、別の契約上の問題点を理由に異なる契約に基づくクレジットカード会社からの支払請求を拒絶できないとされます。

しかし、割賦販売法には、クレジットカード利用者保護の観点から、支払停止の抗弁という制度（割賦販売法30条の4・30条の5等）が導入され、一定の要件を満たす場合、クレジットの原因取引上の問題点を理由としてクレジットカード会社への支払いを停止できるとしています。

2 支払停止の抗弁の要件

支払停止の抗弁が認められる要件は次のとおりです。

① 包括クレジット（包括信用購入あっせん）の要件（割賦販売法2条3項）を満たしていること

② 消費者が事業者（クレジットの原因取引の相手方）に対して抗弁事由があること

③ 支払総額が4万円以上（リボルビング払いの場合には現金販売・提供価格が3万8000円以上）であること（割賦販売法施行令21条）

④ 適用除外取引（営業のため・営業として契約をした場合でないことなど）に該当しないこと（割賦販売法35条の3の60）

要件①について、「包括信用購入あっせん」の定義から外れるクレジットカード決済の場合には支払停止の抗弁が使えないので注意が必要です。たと

えば、支払方法が翌月１回払い（マンスリークリア）の場合には、割賦販売法２条３項の「包括信用購入あっせん」の定義から外れてしまいますので、支払停止の抗弁の制度は使えません。ただし、いわゆる「後からリボ」といって、当初翌月１回払いであっても後日、リボルビング払いに変更をした場合には、支払停止の抗弁を使うことができます。

なお、要件②の抗弁事由については、個別クレジットに関するQ17を参照してください。

３ 支払停止の抗弁の行使方法・効果

支払停止の抗弁の行使は、クレジットカード会社からの請求に対し、抗弁事由を主張して支払いを停止する趣旨の抗弁書を提出（必ずしも書面によることは要求されていませんが書面で抗弁事由を具体的に記載することが望ましいでしょう）する方法により行います。

支払停止の抗弁が認められる場合、クレジットカード会社への支払いを停止することができ、この場合、クレジットカード契約上の債務不履行にはなりません。

他方で、支払停止の抗弁は、あくまでも、一時的に支払いを停止できるだけの効果しかありませんので、クレジットの原因取引が無効・取消し等により解消されるのか、クレジットカード会社に対する支払義務自体がなくなるのかなどの問題は支払停止の抗弁だけでは解決することができません。

このように、支払停止の抗弁は、暫定的な措置にすぎず、根本的なトラブル解決にはクレジットの原因取引の相手方である事業者との間の契約（取引）を失効させることができるかどうかにかかっています。

また、すでに、クレジットカード会社にクレジットカード代金を支払ってしまった後では支払停止の抗弁は意味がなく、クレジットカード会社から既払金の返還を受ける方法を検討しなければなりません。

93

第4章 クレジットカード決済

Q23 クレジットカード決済と既払金の返還①
──既払金返還請求

クレジットカード会社に対してクレジットカード代金を支払った後に、消費者トラブルを理由に支払済みのクレジットカード代金（既払金）の返還を受けることができる場合がありますか。

どのようにすれば、既払金の返還を受けることができますか。

▶▶▶ Point

① クレジットカード決済の場合、原則として、消費者がクレジットカード会社に対して既払金の返還を求めることは困難です。

② 例外的に、クレジットカード会社や消費者の取引の相手方事業者が、クレジットの原因取引やクレジットカード決済を事後的にキャンセル（解除）した場合には、既払金が返還されることがあります。

1 クレジットカード決済の場合の既払金返還請求の可否

クレジットカード決済の場合には、個別クレジットと異なり、クレジット既払金の返還を認める法律上の規定（個別クレジット契約のクーリング・オフ・過量販売解除・取消し）がありませんので、法律に基づく既払金返還請求を行うことは一般的には困難です。

クレジットカード会社は、消費者から苦情の申出を受けたときは、割賦販売法30条の5の2、割賦販売法施行令60条に基づき、苦情内容を、消費者の取引相手である事業者（クレジットカード加盟店）と加盟店契約を締結したクレジットカード番号等取扱契約締結事業者（以下、「加盟店契約会社」といいます。割賦販売法35条の17の2～35条の17の14）に対して通知し、通知を受けた加盟店契約会社は苦情内容を調査し、必要に応じてクレジットカード会社や認

94

定割賦販売協会に報告すること等が法律上定められていますが、これらは行政規制であり、消費者に既払金返還請求権を付与する規定ではありません。

しかし、クレジットの原因取引（Q15参照）が失効（取消し・無効等）した場合にもクレジットカード会社から一切の返金が受けられないとすることは、消費者保護に欠ける結果となりますので、実務上は、一定の場合には例外的に既払金返還が受けられる場合があります。

2 例外的に既払金の返還を受けることができる場合

クレジットカード決済における既払金返還は、法律ではなく、加盟店契約やクレジットカード業界内のルール（国際ブランドルール）に基づく任意の手続によって行われ、既払金の返金を受けることができるパターンはおおむね次の二つです。

① キャンセル処理
② チャージバック（Q24参照）

3 キャンセル処理

(1) リファンド

消費者が取引相手の事業者に対して苦情（商品が届かない等）と契約の解消を申し出て、事業者もそれを認める場合、当該事業者は、加盟店契約会社（アクワイアラーや決済代行業者）に対して、当該売上を取り消し、決済をキャンセルするよう連絡をします。

この場合、当該クレジットカード決済はキャンセルされ、事業者は立替払いを受けたお金を加盟店契約会社に返金し、加盟店契約会社は消費者が会員となっているクレジットカード会社（イシュアー）に返金し、クレジットカード会社が消費者に返金するので、既払金返還が実現します。

このように、消費者から事業者に対する苦情等を契機として事業者のみの判断で売上取消し・決済のキャンセル・返金が行われる場合をリファンドと

第4章　クレジットカード決済

呼ぶことがあります。

　リファンドと呼ばれるキャンセル処理は、事業者がクレジットの原因取引とクレジットカード決済を失効させることを認めた場合に限られます。

(2)　加盟店契約に基づくキャンセル処理

　消費者が、事業者だけでなく、クレジットカード会社に対しても苦情を述べる場合、クレジットカード会社は取引内容を加盟店契約等に基づき調査します。

　調査の結果、クレジットカード会社が、苦情内容が加盟店契約に違反するものと判断した場合、クレジットカード会社のみの判断で（加盟店たる事業者が反対していても）、決済のキャンセル処理を行うことができます。

　この場合、加盟店契約に従い売上が取り消され、クレジットカード会社を通じて既払金が返金されることになります。

　他方で、クレジットカード会社（イシュアー）や加盟店契約会社が消費者からの苦情を認めず、加盟店の意見に同調してキャンセル処理をしない場合には、既払金の返還はなされません。

　クレジットカード会社や加盟店契約会社は加盟店（事業者）と継続的な取引関係・業務提携関係にあることから、消費者からの苦情をなかなか認めず、キャンセル処理をしてくれないことも少なくありませんが、粘り強く事業者（加盟店）・クレジットカード会社・加盟店契約会社と交渉し、キャンセル処理をしてもらうことが既払金返還の実現のための最も現実的な解決の一つといえるでしょう（チャージバックについては Q24参照）。

96

Q24　クレジットカード決済と既払金の返還②──チャージバック

Q24　クレジットカード決済と既払金の返還②──チャージバック

消費者トラブルを理由に支払済みのクレジットカード代金（既払金）の返還を受ける方法としてチャージバックというものがあると聞きました。

チャージバックについて教えてください。

▶▶▶ Point

① チャージバックとは、クレジットカードの国際ブランドが定めるルールで、クレジットカードが不正利用された場合などに、イシュアーがアクワイアラーに対し、クレジットカード代金（立替金・売上金）の支払いを拒否し、支払済みの立替金の返還を求める手続です。

② チャージバックの主体はクレジットカード会社であることから、消費者自身がチャージバックを行う権利を有するわけではありません。

1 チャージバックと既払金返還までの手続の流れ

(1) チャージバックとは

チャージバックとは、クレジットカードの国際ブランド（VISA、MASTER CARD など）が定める制度で、クレジットカードの不正利用や悪質な取引にクレジットカード決済が利用された疑いのある場合に、イシュアー（消費者が会員となっているクレジットカード会社）がアクワイアラー（事業者が加盟するクレジットカード会社）に対して、不正利用や悪質取引などの理由を示して当該クレジットカード決済の取引について、アクワイアラーから提示された（支払いを求められた）売上について支払いを拒否し、支払済の立替金の返還を請求する手続です。

97

第4章 クレジットカード決済

チャージバックをするには、国際ブランドが定めるチャージバックができる理由（チャージバックリーズン）があることが必要です。

典型的な理由は、利用の覚えなし（クレジットカードの不正利用）・商品の未着・商品不良（破損）・サービス不履行など30種類～40種類あるとのことです。

(2) チャージバックによるクレジット既払金返還の流れ

まず、被害に遭った消費者からイシュアー（消費者が会員になっているクレジットカード会社）に苦情が出され、これを受けてイシュアーは会員から事情を聴くほか、アクワイアラーに苦情の内容を伝達し、アクワイアラーを通じ、取引内容を知る加盟店や加盟店と契約する決済代行業者等に対して取引内容の調査が行われます。

調査の結果、アクワイアラーが、当該取引にチャージバックの理由ありと判断した場合はチャージバックを受け入れ、売上（イシュアーへの請求）が取り消され、イシュアーに返金します（決済代行業者・加盟店の売上も取り消されるので、アクワイアラーはこれらの事業者から返金を受けます）。

イシュアーはアクワイアラーから返金を受けたお金を消費者に返金（既払金返還）します。

チャージバックは、越境取引（国を跨いだ取引）において活用されます（悪質業者は、加盟店審査の甘い海外のアクワイアラーや決済代行業者を通じてクレジットカード決済を利用することも多い）が、国内の取引の場合にもこれに準じてチャージバックの活用がなされているようです。

2 チャージバックの活用と注意点

以上述べたように、チャージバックは、クレジットカードの不正利用などのトラブル増加に伴い、重要な消費者保護の制度として活用されていますが、次のような点に注意するべきです。

チャージバックの理由ごとにチャージバックができる期間が比較的短く定

められており（45日～120日程度とされます）、消費者は、トラブルに巻き込まれた場合には、早急にクレジットカード会社（イシュアー）に苦情を申し出て、チャージバックを求める旨、お願いをする必要があります。

　また、チャージバックの主体はあくまでもクレジットカード会社（イシュアー）であって、消費者自身にはチャージバックを行う権利がなく、チャージバックをするかどうかは、イシュアーの判断に委ねられますので、必ずしも、イシュアーがチャージバックをしてくれるという保証がない点には注意が必要です。

　チャージバックの理由・要件・手続はクレジットカードの国際ブランドが定めており、その内容は非公開で、消費者は、これらの詳細を知ることはできません。

　このように、チャージバックの詳細は消費者自身には不透明であり、適切に行われているのかどうかを知ることができない点も問題です。

　また、アクワイアラーが、取引の調査の結果、売上は正当でチャージバックの理由がないと判断した場合には、チャージバックを受け入れることを拒否し、既払金が返還されないこともあります。

　チャージバックの可否につきイシュアーとアクワイアラー間で争いが生じた場合には、裁定手続（アービトレーションと呼ばれています）が行われることがあり、結論が出るのに時間がかかるという問題もあります。

　このように、チャージバックにもいくつかの問題点がありますが、業界内の任意のルールとはいえ、消費者被害救済のために重要な機能を果たしていることは事実であり、消費者としてはこの制度を積極的に活用するべきでしょう。

第4章　クレジットカード決済

┌─ **コラム④**　**チャージバック** ───────

チャージバックは、クレジットカード利用者である消費者からの申出に基づき、クレジットカード発行会社（イシュアー）が加盟店等に対し事実関係を確認し、いわゆるチャージバックリーズンが認められる場合に、キャンセル処理がなされる制度です。

チャージバックの主体はあくまでイシュアーです。すでにご説明したとおり、消費者にはチャージバックを行う権利はなく、これを行うかどうかの判断はもっぱらイシュアーに委ねられることから、イシュアーがチャージバックをしてくれる保証はありません（消費者はチャージバックをするよう申し出ることができるにとどまります）（Q24参照）。

したがって、イシュアーがチャージバックをせず、最終的に消費者がその救済を得られなかったとしても、イシュアーに対して損害賠償請求はできないのが原則といえます。

しかし、裁判例の中には、消費者と加盟店との間にトラブルが発生し、イシュアーが消費者からその申出を受けた場合、イシュアーは、「購入者と加盟店との間のトラブルの有無や内容の状況を確認調査するなどして、むやみに購入者が不利益を被ることのないよう協力すべき信義則上の義務を有する」として、チャージバック制度が適用された可能性があったことを理由に、消費者のイシュアーに対する損害賠償請求を認めたものもあります（東京地裁平成21年10月2日判決・ニュース84号211頁・裁判例5）。

このようにチャージバックをされる保証はないとはいえ、必ずしも被害救済が図れないというわけではありません。チャージバックリーズンがあると考えられる場合、イシュアーに対しチャージバックをするよう粘り強く求めていくことが必要でしょう。

100

Q25　クレジットカードの不正利用における責任

Q25　クレジットカードの不正利用における責任

> 　他人が無断でクレジットカード決済をした場合、カード名義人は支払いの責任を負いますか。
>
> 　家族の無断利用の場合、家族以外の第三者の無断利用の場合、クレジットカードの紛失・盗難被害の場合・クレジットカードやカード番号が詐取された場合・偽造カードの場合、それぞれどのように考えればよいですか。

▶ ▶ ▶ Point
①　クレジットカードの不正利用とはカード名義人以外の者がクレジットカードを利用する場合のことです。
②　クレジットカードの不正利用の場合、原則として、カード名義人が支払いの責任を負うことになります。
③　クレジットカードの不正利用の場合でも例外的にカード名義人が支払責任を負わない場合としては紛失・盗難の場合がありますが、紛失・盗難につきクレジットカード会員に故意・重過失がある場合には責任を負うことになります。

1　クレジットカードの不正利用と基本的な考え方

　クレジットカードは、クレジットカード約款上、カード名義人以外の者が利用してはならないこととされ、カード名義人以外の者がクレジットカードを利用する場合のことを広くクレジットカードの不正利用といいます。

　クレジットカードが不正利用された場合のカード名義人の責任はクレジットカード約款（以下、「カード約款」といいます）により規律されており、不正

101

第4章　クレジットカード決済

利用の場合であっても実際にクレジットカードが利用され、クレジットカード会社が立替払いを行った以上、原則として、カード名義人はクレジットカード会社に対する支払責任を負うこととされています。

これは、クレジットカードはクレジットカード会社からカード名義人に貸与されるものであり、カード名義人は、クレジットカード会社に対して、クレジットカードを他人に利用等（貸与・譲渡・質入・寄託・情報の預託）させてはならず、クレジットカードおよびカード情報を他人に使用させたり、使用のために占有を移転させたりしてはならないなど、クレジットカードおよびカード情報の使用・保管・管理について善管注意義務を負うものとされているからです。

特に、クレジットカードの「暗証番号」が利用された場合には、クレジットカード会社側に落ち度がない限り、カード名義人は責任を免れないとされています。

以上がクレジットカードの不正利用とカード名義人の責任に関する基本的な考え方です。

2　例外的にカード名義人が責任を負わない場合

クレジットカードの不正利用の場合で、例外的に、カード約款により、カード名義人が不正利用の責任を負わないとされる場合には次のケースがあります。

クレジットカード・カード情報が紛失・盗難等により他人に不正利用された場合、カード会員は、その旨を速やかにクレジットカード会社に通知し、警察署に届け出る必要があります。そのような手続を行った場合には、例外的に、クレジットカード会社が不正利用による損失を補填することとされています。この場合には、結果的には、カード名義人は不正利用の責任を負わなくてよいこととなります。

しかし、この場合でも、クレジットカード・カード情報等の紛失・盗難等

102

がカード会員の故意・重大な過失により発生した場合（同居の家族が無断で利用した場合には重過失があるとされることが多いです）、クレジットカードの不正利用の調査にカード会員が協力しない場合、紛失・盗難等のクレジットカード会社への通知をクレジットカード会社が受けた日から一定期間（おおむね2カ月程度）より前に発生した不正利用の場合、紛失・盗難等のクレジットカード会社に対する届出（通知）に虚偽があった場合等には、クレジットカード会社から不正利用の損失補填を受けることができず、クレジットカード会社に対して支払いの責任を負うとされています（詳細は、各カード会社のカード約款をご覧ください）。

他方で、カード約款では、偽造のクレジットカードの場合にはカード会員は責任を負わないとされるのが通常です（ただし、カードの偽造について会員に故意または過失がある場合は除きます）。

3 クレジットカードの不正利用と判例

以上のとおり、クレジットカードの不正利用の場合には、基本的には、カード約款に基づき、カード名義人の責任の有無や条件が規律されていますが、カード名義人とクレジットカード会社との間で、約款の適用の可否などを含めた法的紛争は生じており、次のような裁判例があります。

① 長崎地裁佐世保支部平成20年4月24日判決・金判1300号71頁・裁判例14　クレジットカード会員の長男が、タンスの上に置かれていた財布からクレジットカードを抜き取って無断でカード識別情報を取得してインターネット上のサイト利用料を決済した事案において、クレジットカード会社が不正使用を排除する利用方法を構築していれば不正利用を防ぐことができたとして、カード会員にカード識別情報管理の重過失があったことを否定し、保証の対象となるとした事例

② 京都地裁平成25年5月23日判決・判時2199号52頁・裁判例13　当時16歳の少年が、窃取した父親名義のクレジットカードを利用して、いわ

第4章　クレジットカード決済

ゆるキャバクラで飲酒等の代金を決済した場合において、クレジット
カード会社のカード名義人（少年の父親）に対する利用代金の支払請求の
一部が未成年者に飲酒をさせるというクレジットカード会社の加盟店
（キャバクラ）の悪性の程度やクレジットカード会社の本人確認の杜撰さ
等の事情を考慮し、権利の濫用にあたるとして否定された事例

Q25 クレジットカードの不正利用における責任

| コラム⑤ | クレジットカードの不正利用——カード情報を盗まれないようにすることが肝要

クレジットカードの「不正利用」は古くて新しい問題です。

クレジットカードの「不正利用」の典型例は、自分のクレジットカードを他人に利用されてしまい、身に覚えのない利用料金の請求を受けるという被害です。

クレジットカードを利用する方法としては、お店で、ポリ塩化ビニル素材のプラスチックでできたカードという「物」を提示して決済を行うという方法が一般的で、今でも、この方法による利用は普通に行われています。

かつては、クレジットカードの「不正利用」という場合、他人のカードを盗んだり、騙し取った者がそのカードを提示して使う場合や、他人のカードを偽造し、偽造カードを提示するなど、「物」としてのクレジットカードをお店に提示して商品を騙し取るという方法が一般的でした。

しかし、インターネット通信販売の普及に伴い、クレジットカードという「物」が手元になくても、個々のクレジットカードに紐づいている記号、番号、符号（ID、パスワード、暗証番号、カード番号、セキュリティコードなど）をお店に通知する（インターネットを通じて通知することが多い）方法による決済が一般的になりました。

2000年の割賦販売法の改正でも、クレジット利用者に「物」としてのカードを交付せず、利用者の与信資格を証明する記号、番号、その他の符号を付与するとともに、利用者が、付与された記号、番号、その他の符号をインターネットなどの電子的手段を用いて販売店に通知することによって商品を購入することができる取引（カードレス取引）についても割賦販売法の規制対象とする法改正がなされました（同法2条3項1号）。

このような時代の流れに従い、現代におけるクレジットカードの不正利用は、他人のカード情報（利用者ごとに紐づけられているID、パスワード、暗証番号、カード番号、セキュリティコードのことです）を騙し取った者が、そうした情報を利用（インターネットを通じて通知する方法）して商品を騙し取るという方法にシフトしており、大きな被害を発生させています。

クレジットカードの不正利用の被害に遭わないようにするためには、「物」としてのクレジットカードの管理を厳格に行うことはもちろんのこと、カード情報（ID、パスワード、暗証番号、カード番号、セキュリティコード）を悪意のある他人に盗み取られないようにすることが肝要になってきています。

105

第4章 クレジットカード決済

　近時、こうした他人のカード情報を盗み取る手口は巧妙化してきており、典型的な手口としては、クレジットカード会社の名を騙って偽のメールを利用者に送り付け、カード情報を回答・入力させようとする手口や、悪意のある販売店が、顧客が決済のために利用したカード情報をスキミングなどの方法で入手し、そうして手に入れたカード情報をクレジットカード詐欺集団に流出させるという方法などがあります。

　こうしたカード情報の盗用を防ぐためには、偽のメールを信じて、自分のカード情報を入力したりしないようにすることや信頼のおけない店舗ではむやみにクレジットカードを使わないようにすることが肝要でしょう。

第5章

ブランドデビット・ブランドプリペイドのカード決済

第5章 ブランドデビット・ブランドプリペイドのカード決済

Q26 ブランドデビットカードによる決済のしくみ

ブランドデビットカードとはどのようなものでしょうか。クレジットカードとはどこが違うのでしょうか。身に覚えのない利用があった場合、救済されるのでしょうか。

▶▶▶ Point

① ブランドデビットカードとは、クレジットカード同様に利用できるカードであり、利用額が金融機関の預貯金口座から即座に引き落とされることが特徴です。

② ブランドデビットカードが不正利用された場合、預金の払戻しという側面から、預貯金者保護法が適用されるかどうかについては争いがあります。もっとも、実際には、各金融機関で、同法よりも適用が拡張された補償規定があり、そちらで補償されるのが一般的です。

1 ブランドデビットカードによる決済の特徴

ブランドデビットカードとは、国際カードブランド（VISA や JCB など）のシステムを利用して、国際ブランドの加盟店でクレジットカード同様に利用して、その利用額が金融機関にある利用者の預貯金口座から即時に払い戻されるカードのことをいいます。

ブランドデビットカードは預金から払い戻されるという特性から、銀行などの金融機関がカードを発行しているのが特徴です。ブランドデビットカードを提供している金融機関の口座を保有しており、おおむね15歳以上であれば、誰でもつくることができます。

ブランドデビットカードにはクレジットカードと同様のカード番号が振ら

108

れており、クレジットカードとほぼ同様に使えるのですが、加盟店や決済方法によっては利用できないこともあります。

2 不正利用の際の救済

　ブランドデビットカードが不正利用されたとき、預貯金者保護法が適用されるかについて、東京地裁平成29年11月29日判決・金法2094号78頁は、ブランドデビットカードを海外で使用したところ、何者かにより同カードの情報および暗証番号を不正使用され海外ATMから現地通貨が引き出されたことについて預貯金者保護法の適用または類推適用を求めた事案において、ブランドデビットカードを利用して海外ATMから現地通貨を引き出す場合の現地通貨は預金の「払戻し」ではないことなどから同法4条1項は適用できず、また、ブランドデビットカードの取引は対面取引の際にカードリーダー等の端末を利用して行うことも前提とされていること、ブランドデビットカードの不正利用による被害は高額になりうることなど、ブランドデビットカードの取引とキャッシュカードによる預貯金払戻しには重要な相違点があるから同項の類推適用も認められないとしています（裁判例15参照）。

　この判決がかなり特殊な事例だったこともあってか批判も多く、ブランドデビットカードの不正利用のときに、預貯金者保護法の適用もしく類推適用を認める見解も有力です。

　このようにブランドデビットカードの不正利用のときに預貯金者保護法が適用されるかどうかは定かではないのですが、現在では、各金融機関で補償規定があり、一定の金額（年間50万円〜500万円、無制限のところもあります）を対象に、利用者の故意・過失がないときには、通知前30日もしくは60日については補填が受けられるのが一般的です。

　ブランドデビットカードを利用するときには、事前に金融期間の補償規定を確認して、利用通知やメールなどが届くよう設定したうえ、定期的にアプリで預金明細を確認したり、預金口座に日常の決済に必要な金額以上の預金

109

第5章　ブランドデビット・ブランドプリペイドのカード決済

を入れておかないなどの自衛策をとったりすることで、より安心して使うことができるでしょう。

Q27　ブランドプリペイドカードによる決済のしくみ

Q27　ブランドプリペイドカードによる決済のしくみ

> ブランドプリペイドカードとはどのようなものでしょうか。クレジットカードとはどこが違うのでしょうか。身に覚えのない利用があった場合、救済されるのでしょうか。

▶▶▶ Point

① ブランドプリペイドカードは、国際カードブランドを利用し、クレジットカード番号が振られたカードであり、事前にチャージされた金額の範囲内で利用できることが特徴です。使い切り型とチャージ型があります。

② 近時は、不正利用についての補償制度を儲けていたり、利用の際にメールが届くよう設定できたりするなど、一定の不正利用対策がなされているものが増えています。

1　ブランドプリペイドカード決済のしくみと特徴

ブランドプリペイドカードとは、VISA や JCB などの国際カードブランドのシステムを利用して、事前にチャージした金額の範囲内で使うことのできるカードのことをいいます。

携帯電話のキャリア（電話会社）、クレジットカード会社、インターネット企業などさまざまなところから発行されています。

ブランドプリペイドカードには、使い切り型とチャージ型があります。使い切り型のものは一定の金額を使い切ると使い捨てることになりますが、チャージ型は指定の場所で現金でチャージをしたり、クレジットカードやインターネットバンキングでチャージしたりすることができます。キャリアや銀行のポイントをチャージできるものもあります。

111

第5章　ブランドデビット・ブランドプリペイドのカード決済

　入会審査はありませんし、年齢制限もなかったり、保護者の同意があれば6歳以上で誰でも発行されたりするものもあります。インターネット決済専用のヴァーチャルカードもあり、1回で使い切る使い捨てヴァーチャルカードを設定できるものもあります。多彩なブランドプリペイドカードがあり、特徴に応じて便利に使うことができます。

　ブランドプリペイドカードはクレジットカードと同様のカード番号が振られており、クレジットカードとほぼ同様に使えるのですが、加盟店や決済方法によっては利用できないこともあります。

　法律上の位置づけとしては、資金決済法の前払式支払手段もしくは資金移動になります。

2　不正利用の際の救済

　ブランドプリペイドカードについては、不正利用がなされた場合の補償制度がないものが多かったのですが、最近はクレジットカード会社発行のものを中心に不正利用補償制度を設けているものが増えています。事前にチェックしておくのが望ましいでしょう。

　高額な取引で利用しないときには、少額をこまめにチャージすると不正利用を抑制できます。利用通知やメールが届くように設定しておくと万一の不正利用にも早期に気づくことができます。

　不正利用、盗難、紛失のときには、カードの利用を停止のうえ再発行手続をとれば、残高が再発行したカードに移行されます。

112

Q28 クレジット、ブランドデビット、ブランドプリペイドのカード決済における返還請求

何億円もの金銭を贈与すると言われて出会い系サイトで指示された
ポイントをクレジットカード、ブランドデビットカード、ブランドプリ
ペイドカードで購入しましたが、相手方から金銭をもらうことはできま
せんでした。やりとりしていたのはサイトのサクラだと思います。どの
ようにしたら返還請求ができるでしょうか。

▶ ▶ ▶ Point

① サクラサイト被害の事例では、国際カードブランドを使った各種カード
決済により、多額の被害が生じますが、サクラサイトは詐欺に該当すると
認定した裁判例もあります。

② サクラサイト被害では、クレジットカードのほか、ブランドデビットカー
ドやブランドプリペイドカードによる支払いがなされることがあります
が、返還を求める方法については基本的に変わりません。

③ 具体的に返還を求めるためには、まず決済代行業者に対し加盟店情報の
開示を請求し、さらに、決済のキャンセルやチャージバックを求めること
になります。

1 サクラサイト被害の実際

　設問の事例は、典型的なサクラサイト被害です。サクラサイトとは、出会
い系サイトのシステムを利用して、サイト側が雇用している人物（サクラ）に
さまざまな人格を装わせて、高額の金銭を贈与すると持ちかけたり、芸能人
を騙らせるなどして、指示させたポイントを購入させたり、無意味なメッセー
ジを多数回送信させるなどして、ポイント購入を繰り返させたりするサイト

113

のことをいいます。

東京高裁平成25年6月19日判決・判時2206号83頁は、被害者がサイト内で受け取ったメッセージの内容はあり得ない不自然な話であり、合理性は見出しがたいとして、その目的は、いずれも被害者にできるだけ多くのポイントを消費させ、利用料金名下に高額の金員を支払わせることにあるとして、被害者がメッセージ交換した相手方は一般の会員ではなくサイトが組織的に使用している者（サクラ）であるとみるほかはないなどとして、詐欺に該当すると認定しています。

② 決済方法による支払停止や返還方法の相違

設問のケースでは、クレジットカード、ブランドデビットカード、ブランドプリペイドカードで利用を行っていますが、ブランドデビットカードでは銀行口座から即時に預金が引き出されますし、ブランドプリペイドカードではもともとチャージしている残高から利用額が差し引かれることから、支払停止が観念できるのはクレジットカードだけです。

いずれも国際カードブランド（VISAやJCBなど）の決済システムを利用したものであり、利用者の支払方法の違いにすぎないことから、返還請求の方法は共通となります。

③ 返還請求の方法

サクラサイトでは、海外決済代行業者を利用して国際ブランドの決済が行われていることが多いです。その場合、海外決済代行業者に対して、カード番号と利用者名を示したうえで、決済日時、利用金額、利用先の加盟店情報（法人名、所在地、代表者名、電話番号、FAX番号など）の開示を求めます。そのうえで、海外決済代行業者や加盟店に対して、詐欺等を理由として決済のキャンセル（リファンド）を求めていきます。

これに応じないようなときには、イシュアー（利用者側カード会社）に対し

Q28　クレジット、ブランドデビット、ブランドプリペイドのカード決済における返還請求

て、チャージバックを申し入れます。チャージバックができる期間は45日〜120日と短いので、早めに申し入れるのがよいでしょう。もっとも、120日が経過した場合でも、個別事情によって応じてもらえるときもありますので、諦めずに申し入れてみることも肝要です。

コラム⑥　サクラサイト・占いサイト被害

　サクラサイトとは、サイト業者に雇われた「サクラ」が異性、資産家、芸能人やそのマネージャー、医者、弁護士などのキャラクターになりすまして、消費者のさまざまな気持ちを利用し、サイトに誘導し、ポイントを購入させ、メール交換等の有料サービスを繰り返し利用させるサイトをいいます。

　単に「サクラ」を用いて異性の気をそそるようなメールを送付するだけではなく、高額な配当金・懸賞金・支援金を謳い文句にするケースや、サイトの運営者が文字化け解除手数料、個人情報交換料、認証コード取得費用などのサイトの内部手続のために費用が必要だというケースもあります。

　東京高裁平成25年6月19日判決・判時2206号83頁は、サクラサイトについて、相手方からの申出は指示に従えば数百万円ないし数千万円という多額の金員を供与するというあり得ない不自然な話であり、メールの送受信に、専用回線を用いさせたり、メールアドレス、電話番号、個人の氏名を添付する必要があるなどとして、通常の送受信以外に、高額なポイントを消費させたりしているというのも合理性を見出しがたいとして、被害者がメール交換していた相手方はサクラであるとして、サクラサイトに対する損害賠償責任を認めています。

　最近では、サクラサイトと同様のしくみを用いて、占いという体裁をとりながら、金銭を不当に得る目的で多数回の無意味なやりとりを続けさせる占いサイトが増えており注意が必要です。

115

第6章

キャリア決済

第6章　キャリア決済

Q29　キャリア決済とは

キャリア決済とは、具体的にはどのようなものでしょうか。また、どのようなメリットがあるのでしょうか。

▶▶▶ Point
① キャリア決済とは、自身が契約している携帯電話会社（通信キャリア）の電話料金等といっしょに商品代金などを支払う決済手段です。
② 現時点ではキャリア決済を規制する法律等がなく、トラブル防止策などは主に通信キャリアの自主的な取組みに委ねられているのが現状です。

1　キャリア決済とは

キャリア決済とは、携帯電話会社（以下、「通信キャリア」といいます）と通話・通信契約を締結している利用者が、電話料金・通信料金の請求といっしょに商品やサービスの代金を支払うことができるサービスをいいます。

わが国ではほとんどの人がスマホを所有していますが、利用者が契約している通信キャリアとの間でキャリア決済へ登録し、キャリア決済に対応した通信販売事業者などのウェブサイトで商品等を購入する際に、事前に発行された識別情報（ID・パスワードなど）を入力すれば、購入処理が完了します。

キャリア決済の流れを契約面から検討すると、おおむね次のとおりです（〔図表8〕参照）。

まず、①通信販売サイトなどの事業者が、通信キャリアや決済代行業者との間で契約（加盟店契約等）を締結します。②利用者が、当該サイトで支払方法にキャリア決済を選択し、IDやパスワードなどを正しく入力することで、商品やサービスの購入処理が完了します。③事業者は、通信キャリアや決済

118

〔図表8〕キャリア決済のしくみ

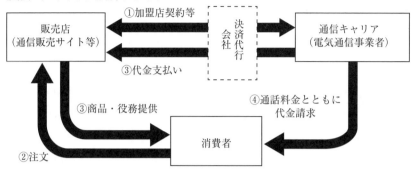

代行業者から商品代金の支払いを受け、それと引き換えに、通信キャリアや決済代行業者が立替金債権を取得するか、または事業者の利用者に対する代金請求権の債権譲渡を受ける形で、通信キャリアが立替金債権や代金債権を取得して、④通信キャリアが、携帯電話の通話・通信料金と合算して利用者へ代金を請求することになります。

2　キャリア決済のメリット

1のとおり、キャリア決済による支払方法は、通信キャリアによって商品代金が先に支払われ、後日、利用者へ請求するというしくみであり、クレジットカードによる立替払いと実質的には同じ構造となっています。そのため、キャリア決済の最大のメリットは、クレジットカードを持てない（あるいは持ちたくない）人に対してクレジットカード類似の支払方法を提供できることにあります。

また、商品やサービスの代金が通信キャリアの通話・通信料金と合算して請求されるため、複数のクレジットカードを利用する場合と比較して支払管理の一元化ができ、通信キャリアのポイントが付与されるといったメリットもあるでしょう。

第6章 キャリア決済

3 キャリア決済の問題点

　キャリア決済の問題点は、法規制その他のルールが確立されておらず、トラブルや被害を救済するための具体的な規定が存在しないことにあります。キャリア決済は基本的に一括払いを原則とするため、割賦販売法の支払停止の抗弁権などの規定が適用されません。また、クレジットカードとは異なり、個々の決済の一部について支払いを留保したり否認したりするようなしくみがない場合も少なくありません。未成年者、あるいは貸金業者の事故歴がある人といった、クレジットカードを持つことができない層でも簡単に利用できてしまうことも、問題視されています。

　現在のキャリア決済は、比較的少額の代金支払手段として位置づけられており、1回あたりの利用限度額や毎月の利用額の上限を比較的低額に設定することで、不正・高額利用への対策が図られているようです。しかし、不正利用や高額利用の対策は、主に通信キャリアの自主的な取組みに委ねられているのが実情であり、利用者がトラブルに巻き込まれた際の救済手段や手続が十分に整備されていないことに注意が必要でしょう。

120

Q30　キャリア決済に関するトラブル①——なりすまし

Q30　キャリア決済に関するトラブル①——なりすまし

　私のスマホに「キャリア決済完了」というメッセージが届いたので確認すると、あるスマホゲームのポイントを同じ日に7回（合計7万円）も課金したとのことです。課金した覚えはなく、ゲーム運営会社へ問合せましたが、海外の事業者で、英文で「質問は英語で」というメールが返ってきました。7万円を支払うべきなのでしょうか。

▶ ▶ ▶ Point
①　キャリア決済のIDやパスワードが流出するなどして不正利用される場合がありますが、キャリア決済には明確な法規制や被害救済のしくみがなく、被害救済についての法整備が不十分であるという問題があります。

②　サイトやゲームの運営者が海外事業者である場合は、国民生活センター越境消費者センター（CCJ）の利用を検討できるでしょう。

1　なりすましによるキャリア決済被害

　本件は、通信キャリアとの間の契約で利用可能とされているキャリア決済サービスのIDやパスワードが不正に使用され、利用者へキャリア決済の代金請求がなされたと考えられる事案です。キャリア決済は携帯電話番号と通信キャリアのサービスIDなどと紐づけられており、何らかの理由で通信キャリアの会員情報が流出してしまうことで、キャリア決済が利用可能な状態にされて各種決済に利用されてしまうという事態が生じることがあります。

　法的には、利用者自身がキャリア決済に何ら関与しておらず、第三者が不正な方法で利用者のアカウント等を利用してキャリア決済を使用したのであれば、その決済は無効であり、本来は、利用者にキャリア決済に基づく代金

121

第6章 キャリア決済

の支払義務が帰属しない、というのが原則になると思われます。

2 被害救済の問題点

しかし、利用者にキャリア決済に際して不正利用被害が生じた場合の救済方法について、明確な法律の規定は存在せず、事業者による自主的な判断と対応に委ねられているのが実情です。

クレジットカードにおいては、不正利用に基づく決済要求を監視するしくみがあるといわれていますが、通信キャリアは、信販会社のそうしたしくみと比較して、不正利用検知のシステムが整備されていない場合も多く、仮に不正利用を主張したとしても、キャリア決済に必要なIDやパスワードが正しく入力されていることを理由として通信キャリアが不正利用であることを認めない事案もあります。

また、不正利用か否かを証明するためには、決済が利用された通信販売サイト等の事業者の情報提供が不可欠となりますが、海外事業者のスマホゲームによる決済の場合などは、日本語によるサポートやトラブル対応のための窓口が存在せず、問合せに回答が得られない、あるいは英文でメールを送信するよう指定され、送信しても定型的な返信メールしか来ない、といった事例も少なくありません。

3 設問の場合

設問のようなトラブルが生じた場合、まず、通信キャリアや決済代行業者へ決済状況を確認し、決済が行われた通信販売サイト等と交渉して、不正利用を裏づけるデータの提供を求めることになります。不正利用であることが確認できれば、決済を取り消して返金処理がなされる可能性がありますが、不正利用の原因となったスマホゲームのアカウントが凍結されるなどの措置がなされる場合もあります。

スマホゲーム運営者が海外事業者である場合は、事業者の対象国が国民生

活センター越境消費者センター（CCJ）の利用が可能かどうかを確認し、可能であれば同センターへ相談し、あっせん対応を依頼することも考えられるでしょう。

第6章　キャリア決済

Q31　キャリア決済に関するトラブル②──未成年者

　携帯電話を家族契約で支払っています。先月の利用料金を確認したところ、9歳の長男のスマホにキャリア決済として2万円が請求されました。長男によると、スマホゲームで「100連ガチャ」を押し、何か画面が出てきたようですが、お金がかかるとは知らず、パスワード入力もなかったようです。支払わなければならないのでしょうか。

▶▶▶ Point

① 　家族契約で未成年者が使用するスマホでキャリア決済が行われた場合、回線契約者が支払義務を負うかが問題となります。

② 　未成年者の高額課金はクレジットカードでも問題となりますが、判断能力に乏しいおおむね10歳以下の未成年者による高額課金は、約款の規定等にかかわらず、未成年者取消権により救済されるべきです。

1 　未成年者によるキャリア決済

　スマホアプリを利用したキャリア決済については、利便性を重視して、初期設定を行えば、IDやパスワードを毎回入力することなく、アプリを起動して簡単にキャリア決済を利用できる場合があります。そして、家族が同じ通信キャリアで家族契約をしている場合、家族がキャリア決済を利用した場合の代金が回線代表者へまとめて請求されることになります。

　昨今は、未成年者もスマホを持つことが当たり前になっている状況ですが、家族契約によりスマホを使用している未成年者が、親の同意を得ずにキャリア決済を利用して商品の購入やサービスの利用をした場合、回線代表者である親がその支払義務を負うのかが問題となります。

124

2 未成年者取消しの可否

　未成年者がスマホのゲームで高額課金を行うというトラブルは、以前から、子が親のクレジットカードを無断で高額利用した事案で問題となってきました。

　未成年者による法律行為は、法定代理人の同意がなければ原則として取り消すことが可能であり（民法5条2項）、未成年者が親の同意なくキャリア決済の方法でゲームへ課金を行った場合、民法の未成年者取消権に基づいて課金を取り消すことができるのが法律上の原則です。

　しかし、キャリア決済の場合、「利用規約においてスマホのアプリストアを経由した決済については不正利用などに対する補償の対象外とされている」ことなどを理由として、返金や取消し処理に応じない、という対応をされる事例が少なからず見受けられます。

3 設問の場合

　法的観点からは、未成年者取消権は近代市民法に普遍的な価値をもつ法原理であり（坂東俊矢「未成年者保護法理の意義とその揺らぎについての法理論」産大法学47巻3・4号188頁）、未成年者保護を重視すべきであるとの立場からは、未成年者による詐術（民法21条）など明文の例外規定に該当する場合は別として、未成年者取消権が行使された場合には課金の取消しや返金が認められるべきと解されます。特に、小学校高学年に満たない（おおむね10歳までの）未成年者による法律行為は、原則として未成年者取消権の制限は許されないというべきでしょう。

　しかし、キャリア決済を行った通信キャリアやアプリ提供事業者は未成年者取消しに応じない対応をすることも少なくありません。特に、未成年者の名義で登録したスマホではなく親のスマホを貸し与えたような事案や、深夜の時間帯に課金されている事案など、当該未成年者以外の者が決済した可能

第6章 キャリア決済

性がないと断言できないような事案では、未成年者が法定代理人の同意なく決済を行ったことを証明することが難しい場合もありますが、個別事案による違いを考慮せず一律に未成年者取消しに応じないとすれば、問題であると考えます。

第7章

後払い決済・コンビニ決済

第7章　後払い決済・コンビニ決済

Q32　お試し価格と後払い決済サービス

インターネットで「お試し価格500円」という化粧品の広告を見て申し込みました。私としては1回だけだと思っていたのですが、2回目、3回目と化粧品が送られてきて、どうも定期購入になっていたようです。ただ、申し込んだ心当たりがなかったので支払わず放置していたら、後払い決済サービス事業者から委任された弁護士から督促状が届きました。私は支払わなければならないのでしょうか。

▶ ▶ ▶ Point
① 「お試し価格」として安く販売されているものは、定期購入が前提になっているケースが多いので注意が必要です。
② 消費者と販売業者との間でトラブルが起きたとしても、後払い決済サービス事業者は、当事者間で解決してくださいという姿勢で、消費者に対して引き続き支払いを求めてきます。
③ 販売業者と連絡がとれなくなるケースがあり、最悪の場合、後払い決済サービス事業者に対する支払義務のみが残ってしまう可能性があります。

1　はじめに

　SNSなどインターネット広告で、「お試し価格○○円」として、通常の価格よりも安価な金額で購入できる旨が表示されることがあります。多くの消費者は「お試し価格」という言葉を見ると、お試し価格での購入一回限りの契約であり、その後、複数回継続して購入するかどうかは、お試し購入をして、商品を使ってみてから決めればいい、と考えるのが通常です。最初から、複数回の継続購入（いわゆる定期購入）が安いお試し価格での購入の条件（お

128

試し価格での購入とセットになっていること）になっているとは思わないでしょう。

このように、お試し価格などとして安価な価格での購入を表示しつつ、実際は、安価なお試し価格で購入するためには今後複数回の購入や定期購入が条件となっているというやり方は、欺瞞的な顧客誘引手法であって、本来、許されるものではありません。この点、2022年6月1日からは、特定商取引法の改正により、事業者が消費者を誤認させるような表示をすることが禁じられ（同法12条の6）、事業者の誤認させるような表示によって契約の申込みをした消費者は、その申込みの意思表示を取り消すことができるようになりました（同法15条の4）。

ただ、決済手段に第三者が噛んでいると、話は単純なものではなくなります。

② 後払い決済サービスとは

後払い決済サービスとは、購入した商品の代金を販売店ではなく、後払い決済サービス事業者に対して、購入契約時から2カ月以内に支払うことで決済が完了するサービスです（購入契約時から2カ月を超える後払いの場合は、割賦販売法のクレジット取引に該当します）。

後払い決済サービス事業者は、商品代金を販売店に立替払いし、後日、代金相当額を購入者（消費者）に請求し、消費者は後払い決済サービス事業者に代金を支払うことによって決済が完結するしくみです。この取引において、注意すべき点は、消費者と事業者の二当事者取引ではなく、クレジット取引と同様に消費者と事業者に加えて後払い決済サービス事業者の三当事者間の取引になる、ということです。

ただし、後払い決済サービスは、割賦販売法の適用を受けないのが通常なので、たとえば、商品の6回分（6カ月間）の定期購入契約をした場合に2回目以降の商品が届かなかったとしても、消費者はそのことを理由に後払い決

第7章　後払い決済・コンビニ決済

済サービス事業者に対する支払いを拒絶することができず（抗弁の接続ができない）、後払い決済サービス事業者は、商品が届かないことは販売店の問題なので、消費者と販売店の間で解決してください、という立場です。

後払い決済サービス事業者を規制する法がない現状においては、適切な解決策が見つからないということもありえます。

3　設問の場合

設問の場合、相談者は定期購入をした心当たりがないということなので、その購入時の事業者の表示が、特定商取引法12条の6で定める適切な表示ではなかった可能性があります。そうすると、同法15条の4に基づいて、契約申込みの意思表示の取消しができる可能性があります。しかし、いくら取消しができる可能性があるといっても、取消しの意思表示をせずに放置しておくことは問題です。取消しの意思表示をするまでは、契約は有効なものとして扱われるからです。契約は有効なものとして扱われる以上、当然、後払い決済サービス事業者からは請求が来ます。

したがって、相談者としては、まずは販売事業者に対して契約取消しの意思表示を行い、それを後払い決済サービス事業者に対して通知し、請求してこないように求めることになります。

ただ、先述のとおり、後払い決済サービス事業者には法規制がなく、割賦販売法における抗弁の接続のような規定もないことから、すんなり解決するとはいえない点は注意しましょう。

130

Q32 お試し価格と後払い決済サービス

コラム⑦ 定期購入とサブスクリプション

インターネットを閲覧していて「お試し価格初回のみ100円のお得な価格です」「3カ月間は無料でお試しできます」といった商品等の広告を見たことがあると思います。これらは「定期購入」「サブスクリプション」商法といわれる手口で、多くの消費者トラブルの原因となっています。「お試し価格初回のみ100円のお得な価格です」の例では初回分の契約だけのつもりで申し込んだところ、実際は、継続契約（定期的に商品が送られる）とセットになっていて結果的に高額の代金を請求されたり、また、後に解約をしようとしても、解約時期に制限があって（広告には「いつでも解約できます」などの表示もある）、一部の商品代金を請求されたりする、といった被害が多くみられます。「3カ月間は無料でお試しできます」の例は、無料なので申し込んだところ、知らないうちに期間が過ぎてしまい（事業者からはその通知はありません）、その後に利用料（通常は高額）を請求されるといった被害が多くみられます。どちらのケースも、消費者の「誤認」によって生じる被害例ですが、そもそも広告の表記がわかりにくいことが原因です。特に定期購入商法では多数の被害が発生して問題視されて、特定商取引法の通信販売規定改正（2022年6月施行）の契機ともなりました。しかし、その後もトラブル件数は減っていません。改正法では最終確認画面（申込みを確定する画面）に契約条件（解約方法等）をわかりやすく明記するよう義務づけていますが、最終確認画面の説明の文字が小さく記載されたり、画面を何度もスクロールしなければ見えない仕様になっていたり、申込みのボタンをクリックすると別画面に遷移して肝心の契約条件の表示が見えないようにする仕様（「LP隠し」といわれる手口）もみられます。このような事情から、消費者が広告の有利な部分を見た印象のまま、最終確認画面に記載された注意事項をよく確認せずに申し込んでしまい、被害に遭うケースが後を絶ちません。事業者は営利を目的とするものですから損をしないように契約の条件を定めています。消費者の誤認を誘発する広告等もあることを忘れずに、契約条件をよく確認して申込みをすることが重要です。

なお、これらの商法は、後払い決済サービス事業者を利用して決済されることが多く、クレジットカード情報を入力しないで気軽に決済できるため、消費者からの申込みを誘引する一因となっています。そこでたとえば、後払い決済サービス事業者が加盟店管理義務を負わせ、このような広告や手口を行う業者を適切に監督することが被害防止のために有用だと考えられます。しかし、この決済方法では、通常、翌月一回払いの形式をとることが多く、現行法では割

131

第7章 後払い決済・コンビニ決済

賦販売法の規制対象外となってしまうなど、法の規制を及ぼすことが困難となっています。一部の地方自治体では条例を根拠として規制を行う試みもみられていますが、全国的な被害に対する対処方法としては法律等による規制が必要でありまだまだ十分とはいえません。当面、消費者の自覚と注意が必要となります、今後はこういった後払い決済サービスに対して適切な法規制を整備することが望まれるところです。

Q33　コンビニ前払い決済とは

Q33　コンビニ前払い決済とは

コンビニ前払い決済というのはどのようなものでしょうか。また、このような決済手段を規制する法律はあるのでしょうか。

▶▶▶ Point
① 販売業者から送られてくる情報を基に、コンビニで先に決済をしないと注文が確定しない決済手段です
② 多くの場合、消費者・販売業者・決済代行（収納代行）業者・コンビニの四者契約です。
③ コンビニ前払い決済について、規制する法律はありません。

1　はじめに

通信販売なしには生きられないといっても過言ではない現在、通信販売を利用する代金支払いのためにはさまざまな決済手段が用いられています。多くの場合は、クレジットカード決済が用いられると思われますが、すべての人がクレジットカードを使えるわけではありません。クレジットカード決済を使えない場合は、銀行振込や代引きなど、さまざまな決済の方法がありますが、全国どこにでもあるコンビニで決済できる便利な決済方法として、コンビニ前払い決済（収納代行サービスの一つ）もかなり普及しています。

そこで、ここではコンビニ前払い決済について説明したいと思います。

2　コンビニ前払い決済の構造

コンビニ前払い決済は、「前払い」ですので、商品を受け取る前に代金の支払いを行う必要があります。多くの場合、販売業者からコンビニ前払い決済

133

第7章 後払い決済・コンビニ決済

用の払込票（バーコードや12桁程度の番号が記載されていることが多く、スマホにデータが送信される場合や払込票の紙が郵送される場合もあります）が購入者（消費者）に発行され、消費者は、それをレジで呈示して支払いをすることにより決済を行うことができます。

　消費者が販売業者から発行された払込票をコンビニのレジで呈示して、払込票に記載された代金を支払うと決済が行われますが、コンビニは、あくまでも代金を受け取る窓口にすぎず、コンビニと販売業者との間で決済に関する直接的な契約はないのが通常です。

　コンビニと販売業者との間にはコンビニ前払い決済サービスを提供する事業者（収納代行業者や決済代行業者）が介在し、販売業者はこれら決済代行業者を通じて収納代行業者にコンビニ前払い決済サービスの導入を依頼し、当該販売店における決済方法としてコンビニ前払い決済サービスが使えるというしくみになっています。

　コンビニに支払われた代金はコンビニ前払い決済サービス事業者・決済代行業者（決済代行業者が介在する場合）を通じて、販売業者に支払われることとなります。

　他方で、消費者がコンビニを通じてコンビニ前払い決済サービス事業者に代金を支払った時点で販売業者に対する支払い（債務の弁済）は完了しますので、その後の決済サービス事業者の信用リスクは販売業者が負担することとなります。

　このようにコンビニ前払い決済サービスにおいては複数の当事者が介在することになるので、取引は複雑になります。

　コンビニ前払い決済（収納代行業の一類型）については、資金決済法における送金サービス（資金移動業）に類似する取引ですが、この取引を行政的に規制する法律は今のところ存在しませんので、消費者と販売業者との間でトラブルが生じたときに解決が難しいという実情があります。たとえば、代金をコンビニにて前払いしたが、販売業者から商品が届かなかった場合、消費者

134

はコンビニに支払ったお金を誰からどのようにして取り戻すかが問題になります。この問題は、販売業者や取引に介在するコンビニ前払い決済事業者（収納代行業者・決済代行業者）が倒産した場合には、さらに複雑な問題になります。

3 収納代行と資金移動の違い

コンビニ前払い決済はいわゆる収納代行サービスの一類型で、支払人が収納代行業者に支払いをした時点で債務の弁済が終了し、その後の収納代行業者の信用リスクは債権者である事業者が負担することとなる点で、資金移動業者が一時的に資金を預かり、これを第三者に移動させる形態の資金決済法の資金移動業と区別されます。

なお、決済代行業者は、販売業者に対し、クレジットカード決済、電子マネー決済、ATM決済、キャリア決済、コンビニ前払い決済などの収納代行サービスなど多様な決済手段の導入のためのサービスを提供する事業者で、コンビニ前払い決済サービスは、決済代行業者が提供する決済サービスの一つに位置づけられます。

収納代行サービスについては、法規制がないこともあって、収納代行業に専門特化する業者のみならず、クレジット会社や決済代行業者などさまざまな業者が参入し、販売業者に対してサービスを提供しています。

4 おわりに

先ほど、コンビニ前払い決済では規制する法律がないと書きました。もし、コンビニ前払い決済を利用して商品が届かない場合は、販売業者に対して債務不履行に基づく損害賠償請求をすることになると思います（代金相当額を損害と構成することになるでしょう）。

ただ、販売業者と連絡がつかない場合や販売業者に対する損害賠償請求が不奏功になった場合、消費者がコンビニ前払い決済事業者に対して損害賠償

第7章 後払い決済・コンビニ決済

請求をしようとしても、相当に困難ですので、収納代行業者を規制する立法
が期待されます。

136

Q34 コンビニ前払い決済利用時のキャンセル処理

DVD を注文して、スマホの画面に表示されたとおりにコンビニでお金を支払いました。その後、送られてきた DVD に問題があったのでキャンセルすることにしました。この場合、私は誰に返金を求めればよいのでしょうか。

▶ ▶ ▶ Point

① 基本的にコンビニ前払い決済事業者（決済代行業者・収納代行業者）は関与しません。

② プラットフォームを利用した場合は、プラットフォームに出店した販売業者ではなく、プラットフォーム運営主体そのものが返金に応じることがあります。

1 はじめに

日常生活に通信販売はなくてはならない存在ですが、通信販売を利用するときにどのように商品代金を支払うかというのは悩みどころです。

その中でも、日本全国どこにでもあるコンビニで代金の支払いをすることは一定のニーズがあります。

では、コンビニでの支払いはどのような構造のものなのか、次で説明していきます。

2 コンビニ前払い決済の構造

コンビニ前払い決済の構造は若干複雑です。

まず、①消費者が販売業者のオンラインショップで商品・サービスを購入

137

第7章　後払い決済・コンビニ決済

します。そうすると、②販売業者から決済代行業者（決済代行業者が介在する場合）へと決済情報が伝達されます。さらに、③決済代行業者（決済代行業者が介在する場合）から収納（代行）業者へと決済情報が伝達されます。そして、④加盟店から消費者へ払込情報を送信します。このときに消費者に対して、コンビニ前払い決済用の払込票が発行されます。

払込票の交付を受けた消費者は、⑤各コンビニのレジや端末で代金を支払います。⑥支払いの完了後、加盟店が消費者に商品を発送します。あとは、⑦コンビニを通じて送金を受けた収納（代行）業者が決済代行業者（決済代行業者が介在する場合）へ代金を入金し、⑧決済代行会社から加盟店へ手数料を相殺した売上が販売業者に振り込まれるという流れです。

一つの取引に五者が出てくるという点で複雑な話になることはおわかりいただけるかと思います。また、この決済代行業者や収納（代行）業者を規制する法律が現時点でないため、法的な位置づけが曖昧な点も話を複雑にしている理由の一つです。

3　設問の場合

設問は、コンビニで決済した後、送られてきた DVD に問題があるということでキャンセルをしたというものです。

消費者にとってみれば、販売業者にお金を支払ったという認識ですが、実際のお金の流れは先に述べたとおり複雑です。

現時点において、取引に参加する決済代行業者や収納（代行）業者の責任の所在が法律で明示されていないことから、結局のところは返金については販売業者との話合いになります。

もし販売業者が、連絡のとれないような業者だと、回収可能性がないということもあり得ます。そうすると、実際にお金が流れていった決済代行業者や収納（代行）業者に対して何らかの請求をしたいところですが、繰り返しになりますが、決済代行業者や収納（代行）業者の責任の所在が法律で明示

138

Q34 コンビニ前払い決済利用時のキャンセル処理

されていないことから、難しいと思います。

　なお、一部のプラットフォーム事業者では、出店する販売業者に問題があったときは、そのプラットフォーム事業者が消費者に対し返金する対応をとることもあるようです。

第7章 後払い決済・コンビニ決済

Q35 立替払い型後払い決済サービス

立替払い型の後払い決済サービスというのはどのようなものでしょうか。また、このような決済サービスを規制する法律は何かあるのでしょうか。

▶▶▶ Point

① 立替払い型の後払い決済サービスは、消費者・販売店・後払い決済サービス事業者の三者間での契約の形をとっています。

② このサービスには、割賦販売法や資金決済法の適用がないため、後払い決済サービス事業者の自主規制に委ねられます。

③ 現時点では、後払い決済サービス事業者によるトラブル対応が十分とはいえないため、利用する前には十分注意を払うことが必要です。

1 はじめに

クレジットカードの情報を販売業者等に提供するのが不安だから通信販売でカード決済はしたくない、通信販売を利用したいけれども実際に商品が手元に届いてから支払いたいというニーズは根強いものがあります。そのようなニーズに応えるのが立替払い型の後払い決済サービスです。

立替払い型の後払い決済サービスは、消費者が販売業者から商品を購入すると、その購入代金を後払いサービス事業者が立替払いをし、消費者は商品を受け取ります。消費者は、商品を受け取った後、購入契約から2カ月以内に（2カ月を超えると割賦販売法が適用されます）、後払い決済サービス事業者に立替払いをしてもらった商品代金を支払うというものです。

140

2 法規制の現状

　先に結論から述べますと、後払い決済サービス事業者に対しては法規制がないのが現状です（契約時から支払いが2カ月以内に終わるので、割賦販売法の適用がありません）。そのため消費者としては販売業者に対して支払うと思っていたのが、実は後払い決済サービス事業者が介在していたことで、思わぬトラブルになったというケースがみられます。

　たとえば、テレビショッピングで商品を購入したものの、手元に届いた商品が注文した商品と違ったので、通信販売業者に解約を申し入れたけれども、事業者が解約に応じないことがあります。この場合、後払い決済サービス事業者は、すでに商品代金を立替払いしていることから、消費者に対して請求書を送りますし、消費者が後払い決済サービス事業者に対応を求めたとしても、「消費者と通信販売業者で解決してください」というのみです。

　同様のケースで商品が届かない場合、後払い決済サービス事業者が商品代金を立替払いしている以上、消費者に対して請求書を送ってきます。

　このように、消費者と通信販売業者の間のトラブルがあったとしても、クレジット（割賦販売法）における抗弁の接続のような法的制度がないので、後払い事業者からの請求を拒絶することができないこととなります。

　このように商品が届かないから支払わないという態度をとってしまうと、最悪の場合、後払い決済サービス事業者やその依頼を受けた弁護士から法的措置（主に支払督促）をとられる可能性すらあります。

3 おわりに

　商品が届いてから代金を支払う点で、消費者と通信販売業者が契約当事者であると誤信しやすいですが、実はもう一人の契約当事者として後払い決済サービス事業者がいることがあります。「後払い」にするときは、後払い決済サービス事業者が介在するかどうかを確認する必要があります。

141

第7章 後払い決済・コンビニ決済

　そして、後払い決済サービス事業者が介在する場合は、消費者と通信販売業者で契約トラブルが起きたとしても、後払い決済サービス事業者は消費者に対して立て替えた商品代金の請求をします。もちろん、消費者と通信販売業者との間の契約トラブルが解消して、無事に契約が取り消せれば、後払い決済サービス事業者が商品代金の請求をしてくることはなくなりますが、2で述べたとおり、後払い決済サービス事業者に対する法規制がなされない現状においては、解決までにかなりの苦労が生じることが予想されます。

　通信販売を利用する場合のメリット・デメリットとともに、立替払い型の後払い決済サービスを利用することのメリット・デメリットも利用前によく吟味する必要があります。

142

コラム⑧　未成年者による後払い決済利用の問題

　後払い決済はクレジットカードをつくりたくない人・つくれない人による関心が高く、利用が急速に進んでおり、未成年者にも広がりをみせています。

　その理由は、後払い決済には、クレジットカードをつくるときのような厳格な与信審査がなく、年齢制限を設けていない、利用条件が厳しくない、電話番号やメールアドレス等を入力するだけで利用開始ができるなど、未成年者でも手軽に利用できる環境だからです。

　多くの後払い決済では、未成年者が利用する場合は、親の同意を得ているか否かを確認する画面が表示されますが、未成年者が親の知らないところで確認ボタンを押してしまう例が後を絶ちません。

　また、後払い決済は、容易に利用開始ができるということ以外にも、「後払い」という性質上、商品購入時には現金等を必要としないため、現金を持ち合わせていない支払能力が乏しい消費者であっても、欲しいと思ったときに、安易に利用することで購入できてしまいます。

　その結果、未成年者が親の知らないうちに後払い決済を使ってゲーム課金をしたり、通信販売を利用したりして、未成年者自身の支払能力を大幅に超える額を利用し、支払いに行き詰まるケースが増えています。

　未成年者は、未払いの事実を軽く考えてしまいがちですが、①後払い決済事業者から依頼を受けた弁護士から督促状が届いたり、支払督促の申立てをされたりする、②後払い決済事業者が信用情報機関登録業者である場合、後払い決済の滞納を事故情報として登録される（いわゆるブラックリストに載る）ことがあるなど、未成年者にとって重大な不利益を招くことがあります。

　後払い決済は、その手数料は法定利息より高く、手軽に利用開始ができる反面、利用に伴う金銭的な負担は小さいものではありません。後払い決済に対しても海外のように規制強化をすることが望まれますが、今は、まず、親子で後払い決済のメリット・デメリット、使う場合のルールをしっかり話し合うことが、一番の被害予防になると思われます。

第8章

サーバ型電子マネー

第8章　サーバ型電子マネー

Q36　電子マネーとは

決済方法として、電子マネーというものがあるそうですが、それはどのようなものでしょうか。

▶▶▶ Point
① 電子マネーとは電子化したお金のことですが、決済手段としてみると、電子データのやりとりによって決済を行うしくみの総称をいいます。
② 電子マネーもその支払時期によって前払い型、後払い型、即時払い型の三つのタイプがありますが、電子マネーによる決済の多くは前払い型です。
③ 前払い型電子マネーのうち、匿名性・利便性の高さからサーバ型電子マネーが広く普及してきています。

1　電子マネーとは

電子マネーとは、文字どおり、電子化したお金のことですが、決済手段としてみた場合、キャッシュレス決済方法のうち、電子データのやりとりによって決済を行うしくみの総称です。もっとも、法律などで厳密な定義がなされているわけではありません。

電子マネーによる決済では、IC カードやスマホなどを専用端末にかざし、あるいはインターネット上で ID を入力して支払いを行うなど、店員等と金銭や署名のやりとりをすることもありませんので、電子マネー決済は非接触型（コンタクトレス）決済の一つともいえます。

146

2 電子マネーの支払方式

(1) 支払方式

電子マネーもそのほかの決済方法と同じく、その支払いの時期（タイミング）によって、前払い（プリペイド）型、後払い（ポストペイ）型、即時払い（デビット）型に分類することができます。

もっとも、電子マネーによる決済の多くは前払い型決済が占めています。

(2) 前払い型

前払い型とは、事前に使うお金をカードなどにチャージしておく方式です。最大でいくらまでチャージできるかは電子マネー発行業者によって異なります。たとえば、ICOCA や PiTaPa などがこれにあたります。

前払い型の電子マネーは、前払式支払手段の一つですので、資金決済法の前払式支払手段に関する規定が適用されます。

(3) 後払い型

クレジットカードと紐づけて決済するタイプの電子マネーで、電子マネーで利用した金額は、紐づけたクレジットカード利用額と合算のうえ、後日、銀行口座から引き落とされることになります。たとえば、iD や QUICPay などがこれにあたります。

後払い型の電子マネーについては、クレジットカード決済と同様、割賦販売法が適用されます。

(4) 即時払い型

銀行が発行するデビットカードと紐づける方式の電子マネーで、店舗などで利用すると利用額がすぐに銀行口座から引き落とされる点で、クレジットカードとは異なります。もっとも、夜間や休日に利用した場合は、翌営業日に引き落とされます。iD が代表的なものとしてあげられます。

即時払い型の電子マネーについては、銀行のデビットカード決済と同様、銀行法が適用されます。

第8章 サーバ型電子マネー

3 前払い型電子マネーの種類

2のように、電子マネーによる決済の多くは前払い型決済ですが、残高（利用金額）等が記録される場所に応じて次のように分類することができます（〔図表9〕参照）。

〔図表9〕 前払い型電子マネーの種類

種　類		残高の記録場所	具体例
磁気型		カードの磁気ストライプ	図書カード等
IC カード型	交通系	カード内蔵の IC チップ	Suica、ICOCA 等
	流通系		WAON、nanaco 等
サーバ型	QR コード	事業者のサーバ	LINE Pay、PayPay 等
	ID コード		Amazon ギフト等

〔図表9〕のように、前払い型電子マネー決済にはいくつかの種類がありますが、販売店において匿名で誰でも簡単に購入して利用できることや、他人に譲渡することができるものもあること、また、証票等を提示・交付することなく、インターネット上で ID を入力すれば足りるという特性を有しているサーバ型電子マネーが、その利便性の高さとインターネット取引の拡大に伴い決済手段として広く普及してきています。

Q37 サーバ型電子マネーのしくみ

Q37 サーバ型電子マネーのしくみ

電子マネーにはサーバ型電子マネーというものもあると聞きました。サーバ型電子マネーとはどのようなものなのでしょうか、そのしくみを教えてください。

▶ ▶ ▶ Point

① サーバ型電子マネーとは、電子マネーのうち、利用可能残高が、電子マネー発行会社のオンライン・サーバに記録されているものをいいます。

② サーバ型電子マネー購入者には、残高に紐づいた番号等が交付され、利用者はオンライン上の販売店で番号等を入力し、代金の支払いをします。

③ サーバ型電子マネーは前払式支払手段の一つであり、資金決済法による規制を受けます。

1 サーバ型電子マネーとは

電子マネーとは、文字どおり、電子化したお金のことですが、決済手段としてみた場合、キャッシュレス決済方法のうち、電子データのやりとりによって決済を行うしくみの総称です。もっとも、法律などで厳密な定義がなされているわけではありません。

電子マネーのうち、利用できる金額や提供を受けることができる商品・サービスの数量（残高）が事業者（発行会社）の管理するオンライン・サーバに記録されているものをサーバ型電子マネーといいます。

サーバ型電子マネーでは、利用者にオンライン・サーバ上の財産的価値（残高）の記録と紐づいた番号や記号その他の符号が交付されます。利用者は、オンライン上の販売店で、支払方法としてサーバ型電子マネーを選択のうえ、

149

第8章　サーバ型電子マネー

この番号等を入力することにより代金を支払います。

　利用者が利用できる上限はオンライン・サーバ上に記録された残高となりますが、残高が不足している場合、別の番号等を取得・入力し、これらを合算することで支払いが可能となる場合もあります。

2　サーバ型電子マネー利用番号等の取得方法

(1)　サーバ型電子マネー利用番号等の取得の方法

　サーバ型電子マネーでは、利用者は、残高と紐づいた証票等をオンライン上の販売店で入力して代金を支払うことから、これを利用するには、利用者は、まず残高に紐づけられた番号等を入手する必要があります。

　利用者が証票等を入手する方法としては、①番号等が記載されたカード媒体の購入、②情報端末の操作、③ウェブサイトからの入手という三つの方法があります（〔図表10〕参照）。

　いずれの場合も、クレジットカードを作成する場合などと異なり、年齢確認や本人確認等は行われません。

(2)　番号等が記載されたカード媒体の購入の方法による場合 （(1)①）

　利用者は、コンビニやスーパーなどの電子マネー販売コーナー（棚に掛かっていたりする）にあるカードの中から、自分が利用したいカードを選択し、代金を支払うことで、購入した金額分（残高）について利用することが可能となります。たとえば、Amazon ギフトや Google Play ギフトなどのカードがこれにあたりますが、これらは「POSA（Point of Sales Activation）カード」と呼ばれています。

　番号等はカードの裏面に記載されていますが、この部分は銀紙で隠されていますので、利用者がカード型電子マネーを利用する際は、この部分を剥離し、現れた番号等を入力することになります。

(3)　情報端末の操作の方法による場合 （(1)②）

　利用者がコンビニ等に設置されている情報端末を操作すると、申込券が出

150

力されます。利用者はこの申込券をレジに持参し、代金を支払うことで、番号等が印刷された用紙を受け取ることができます。

(4) ウェブサイトからの入手の方法による場合（(1)③）

利用者は事前に登録したアカウントを用いて番号等を販売しているウェブサイトにログインして購入し、クレジットカード等を利用して代金を支払います。番号等は購入後にメールで通知されるのが一般的ですが、販売サイトのアカウント画面で確認する場合もあります。たとえば、Amazon ギフトや Google Play ギフト、iTunes ギフトなどがこれに対応しています。

〔図表10〕 番号等の取得方法

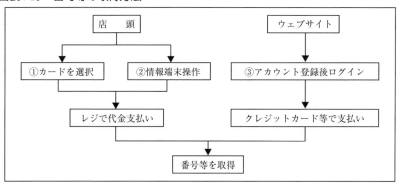

3 サーバ型電子マネーの決済の流れ

サーバ型電子マネーは、オンライン上の販売店で利用することができます。利用者は支払方法の選択画面でサーバ型電子マネーを選択し、電子マネーの番号等を入力することにより、残高の限度で商品等の購入代金を支払います。残高に不足がある場合は、複数の電子マネー残高を合算して支払いを行うことができる場合もあります。

サーバ型電子マネーを利用した場合の決済の流れは次のとおりです。

① 利用者が番号等を入力すると、その番号等が電子マネー発行者に送信

されます。
② 電子マネー発行者は、番号等とDB内の記録を照合のうえ、残高の範囲内で決済を承認するとともに、利用残高を更新します。
③ 利用残高が更新された時点で利用者の代金支払債務は消滅します。代金支払債務は電子マネー発行者が引き受けることになります。
④ 電子マネー発行者は上記債務に基づき加盟店(販売店)に代金を支払います。

以上の流れを図にすると次のようになります(〔図表11〕参照)。

〔図表11〕 サーバ型電子マネー決済の流れ

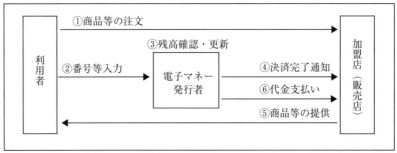

※決済代行業者が介在する場合もあります。

4 サーバ型電子マネーに適用される法律

AmazonギフトやGoogle Playギフト、iTunesギフトなどのサーバ型電子マネーは、事前に購入した金額分(残高)について決済に利用することが可能となるもので、資金決済法の前払式支払手段に関する規制の適用を受けることになります(Q6参照)。

Q37　サーバ型電子マネーのしくみ

┌─ コラム⑨ ─ サーバー or サーバ？ ──────────

　電子マネーのうち、利用可能残高が、電子マネー発行会社のオンライン・サーバに記録されているものを、サーバ（server）型電子マネーといいます（Q37参照）が、「サーバー」型ではなく「サーバ」型と表記しているものもあります。サーバー型とサーバ型、どちらが正しいのでしょうか。

　外来語の末尾が「-er、-or、-ar」などで終わる場合、長く伸ばして発音する部分（長音といいます）をカタカナで表記する際には長音符号と呼ばれる「ー」を付することが多いと思いますが、業界によって異なる場合があり、必ずしも統一されているわけではありません。

　長音符号のルールについては、外来語の表記に関する内閣告示第2号（1991年6月28日付け）があります。同告示は、外来語の長音表記について、「英語の語末の「-er、-or、-ar」などにあたるものは、原則としてア列の長音とし長音符号「ー」を用いて書き表す。ただし、慣用に応じて「ー」を省くことができる」とし（外来語の表記に関する留意事項その2（細則的な事項）Ⅲ3の注3）、長音符号を付する場合と付さない場合のいずれの場合も認めています。なお、文化庁の審議会の一つである文化審議会国語分科会が出した「新しい「公用文作成の要領」に向けて（報告）」（2021年3月12日）でも、「英語の語末の -er、-or、-ar などに当たるものは、ア列の長音とし、長音符号を用いて書くのが原則である」としています。

　したがって、長音符号を付けても付けなくても間違いということではありませんので、サーバー型、サーバ型のどちらかが正しく、どちらかが間違っているということではありません。

　もっとも、統一感をもたせるためには、同一文書中や、同一企業内で出す書面や発行物についてはいずれかに統一したほうがよいことはいうまでもありません。書面を出す際には用語が統一されているか確認をすることが重要です。

153

第8章　サーバ型電子マネー

Q38　前払式支払手段の有効期限

> 　数年前に購入した電子マネーを使って買い物をしようとしたところ、有効期限切れで使えず、払戻しもできないと言われました。残高があるのに使えず、払戻しすらできないということは納得できません。事業者の言い分は認められるのでしょうか。

▶▶▶ Point

① 　前払式支払手段発行者は有効期限を自由に定めることができます。

② 　有効期限を過ぎた前払式支払手段は使用することができなくなります。

③ 　有効期限・期間の定めがあった場合でも、当該規定が消費者契約法10条違反として無効となる場合もあります。

1　前払式支払手段の有効期限

　プリペイド式電子マネーについて、資金決済法が定める前払式支払手段の要件（同法3条1項）を満たすと同法の適用対象となりますが（Q6参照）、その場合であっても、その発行の日から政令で定める一定期間内に限り使用できるものについては、同法の適用対象外となります（同法4条2号）。

　これは、有効期限・期間が短期のものについては、一般的には早期に使い切ることが多く、そのためリスクは比較的小さいと考えられるにもかかわらず、このような場合にまで規制を及ぼすと、かえって利用者の利便性を損ねるおそれがあることから、利用者保護と利用者の利便性を衡量し、期間・期限が短期のものは資金決済法の適用対象外としました。そして、一定期間内について、資金決済法施行令4条2項は、6カ月以内と定めています。

　このように資金決済法は、有効期限・期間が6カ月を超える前払式支払手

154

段は同法の適用を受ける旨を規定していますが、これ以外に期間・期限に関する制限を設けていません。

したがって、前払式支払手段発行者は、有効期限・期間を自由に定めることができます。すなわち、発行者は、有効期限・期間を定めることもできますし、定めないこともできます。また、有効期限・期間を定める場合であっても、6カ月を超えるものとすることもできますし、資金決済法の適用を回避するために6カ月以内とすることも可能です。もっとも、発行者が前払式支払手段の有効期間期限・期間を設ける場合、利用規約にその旨を規定し、利用者に対し周知を図る必要があります。

有効期限・期間の定め方としては、「購入日から○年」「最後にチャージした日から○年」などさまざまなものがあります。

2 有効期限・期間に関する規定の有効性

(1) 原 則

前払式支払手段に関し有効期限・期間が設けられ、利用者にその旨周知されていた場合、有効期限・期間が経過した前払式支払手段はその利用ができなくなります。また、資金決済法が適用される場合は原則として払戻しを受けられず（前払式支払手段の払戻しについてはQ42、Q43参照）、例外的に任意払戻しが認められる場合であっても利用約款に払戻しを認める規定がない場合はやはり払戻しを受けられません。

(2) 有効期限・期間に関する規定の有効性

前払式支払手段の有効期限・期間の定めがある場合、その規定が無効となる場合はないのでしょうか。たとえば、利用規約に「購入日から3年」という期間制限規定が設けられていた場合はどうでしょうか。

この規定によると、有効期限は購入日から3年ですので、同期間が経過するとその権利が消滅し、利用者は権利行使ができない（決済手段として利用できない）ということになります。

155

第8章 サーバ型電子マネー

しかし、民法の規定によると、「権利を行使することをできることを知った時から5年間行使しない」ときは、債権は消滅時効により消滅するとなっています（同法166条1項1号）。そうすると、上記の規定は民法が定める消滅時効期間より短い期間を定めたものですので、消費者契約法10条に違反しないかが問題となります。

消費者契約法10条は、問題となっている条項が、「①消費者の不作為をもって……とみなす条項その他の法令中の公の秩序に関しない規定の適用による場合に比して消費者の権利を制限し又は消費者の義務を加重する消費者契約の条項であって、②民法第1条第2項に規定する基本原則に反して消費者の利益を一方的に害する」（①②は筆者による）場合は、当該条項は無効となる旨を規定しています。

この規定は民法の定める消滅時効期間より短い期間を定めたものですので、①の要件は満たします。次に、資金決済法は6カ月を超える有効期限・期間を規制対象とするにとどまっていることからすると、民法の消滅時効期間より短い有効期間・期限を定めたからといって直ちに信義則に反して消費者の利益を一方的に害するとまではいえないと考えられます。もっとも、チャージできる上限額によっては有効期限内で使い切ることは困難といえる場合もありますので、その場合は著しく短い期間を定めたものとして要件②を満たすと考えられます。

したがって、そのような場合は要件①および②を満たしますので、有効期限を定めた規定は消費者契約法10条に反し無効になると考えられます。

3 有効期限内でも使用できない場合

有効期限を徒過した場合、前払式支払手段を利用できず、また払戻しもないのが原則です。これに対し、有効期限内であるにもかかわらず、前払式支払手段を利用できない場合があります。

156

(1) 発行業務の全部または一部の廃止、登録を取り消された場合

発行者が前払式支払手段の発行・利用の全部または一部を廃止した場合、あるいは第三者型前払支払手段発行者が登録を取り消された場合は、有効期限内であっても利用することができなくなります。もっとも、その場合、資金決済法の規定に基づいて払戻しを受けることができます（Q42参照）。

(2) 利用規約に違反した場合

利用規約において、利用者が転売業者から購入したり、不正な方法により前払式支払手段を取得した場合や、偽造・変造されたなどの場合に利用の停止や失効する旨が規定されていたりする場合があります。このような規定に違反して前払式支払手段を取得した利用者は、有効期限内であっても前払式支払手段を利用することはできないことになります。

4 設問の場合

設問の場合、利用規約に定められた有効期限を徒過している以上、電子マネーを利用して買い物をすることはできないことになります。また、前払式支払手段発行者の事業は継続中と考えられるので、利用規約に払戻しに関する規定がない場合は払戻しも認められません。もっとも、上限額の割に有効期限が短すぎるといえる場合は、消費者契約法10条によって有効期限に関する規定は無効になると考えられます。

利用者としては、事前に有効期限を確認したうえで購入すること、また、すでに所有しているものがある場合も有効期限に留意するとともに、同期間内に使い切るようにすることが重要です。

第8章　サーバ型電子マネー

Q39　第三者型前払式支払手段発行者の加盟店管理責任

甲社の電子マネーを利用して通信販売サイトでブランド商品を購入しましたが、届いたものは偽ブランド商品でした。販売会社に連絡しましたが、全く連絡がつきません。甲社に対して責任追及したいと思うのですが、可能でしょうか。

▶▶▶ Point

① 電子マネーで代金を支払った場合、販売会社に債務不履行や不法行為があっても、電子マネー発行者に対し責任を問えないのが原則です。

② 電子マネー発行者が、資金決済法の規定を前提とする事務ガイドラインに示されている確認や対応を怠った結果、利用者に損害が生じた場合は、債務不履行ないし不法行為による損害賠償責任を負います。

③ 電子マネー発行者が加盟店の販売商品・役務の公序良俗違反を認識し、または認識し得たにもかかわらずこれを認識せず、加盟店契約を継続して決済代行を行った場合は、上記の加盟店に対する確認や対応を怠ったものといえ、損害賠償責任を負う余地があります。

1 はじめに

設問の場合、相談者はブランド商品を購入し、その代金を販売会社に支払ったにもかかわらず届いた商品は偽ブランド商品だったとのことですから、売買契約の債務不履行あるいは不法行為が成立することとなります。もっとも、売買契約は利用者と販売会社との間で締結されており、電子マネー発行者である甲社は同契約の当事者とはなっていません。したがって、相談者は甲社に対し責任追及をすることができないのが原則です。

158

しかし、設問の場合、相談者は甲社に対しいかなる場合であっても責任追及をすることができないのでしょうか。

(1) 第三者型前払式支払手段発行者の加盟店管理

前払式支払手段は発行者以外の店舗でも使用できるか否かによって自家型と第三者型に分けることができます（資金決済法３条５項・６項）。自家型と異なり第三者型では、発行店以外の加盟店も利用者に商品等を提供することができることから、前払式支払手段が犯罪行為に使用されるなど、前払式支払手段に係る不適切な使用を防止するとともに、決済手段としての確実性を確保することが必要となります。

そこで、資金決済法は、第三者型前払式支払手段発行者に対し、①前払式支払手段を使用できる物品等の内容が、公序良俗を害しまたは害するおそれのあるものでないことを確保するために必要な措置を講じていること、および、②加盟店に対する支払いを適切に行うための必要な体制整備が行われていることを登録および業務継続要件とし、同要件を満たしていない場合は登録を拒否し、また登録を取り消すことができるとしています（同法10条１項３号・４号・27条１項１号）。

この点については、事務ガイドライン（前払式支払手段発行者関係）Ⅱ－３－５においても、「①第三者型発行者については、利用者に物品等・役務を提供するのは主に加盟店であるため、前払式支払手段に係る不適切な使用を防止する趣旨から、加盟店が販売・提供する物品等・役務の内容について、公序良俗に反するようなものではないことを確認する必要がある。②前払式支払手段の決済手段としての確実性を確保する観点から、加盟店に対する支払を適切に行う措置を講じる必要がある」としてその必要性が示されています。

なお、資金決済法10条１項３号に規定する「公の秩序又は善良の風俗を害し、又は害するおそれがある」の意義について、事務ガイドライン（前払式支払手段発行者関係）では、犯罪行為に該当するなどの悪質性が強い場合のみならず、社会的妥当性を欠き、または欠くおそれがある場合を広く含むもの

159

第8章　サーバ型電子マネー

であるとしていることから、消費者被害を生じさせるような場合も含まれるものといえます。そして、事務ガイドラインは、第三者型前払式支払手段発行者に対し、こうしたものが含まれないように加盟店管理を適切に行う必要があることに十分留意するよう求めています。

(2)　加盟店管理のための措置

(1)のとおり、第三者型前払式支払手段発行者が加盟店管理責任を負うことを受けて、事務ガイドライン（前払式支払手段発行者関係）Ⅱ－3－5－1は、第三者型前払式支払手段発行者に対し、次のような措置をとることを求めています。

①　加盟店契約を締結する際には、当該契約相手先が公序良俗に照らして問題のある業務を営んでいないかを確認しているか

②　加盟店契約締結後、加盟店の業務に公序良俗に照らして問題があることが判明した場合、速やかに当該契約を解除できるようになっているか

③　加盟店契約締結後、加盟店が利用者に対して販売・提供する物品・役務の内容に著しい変更があった場合等には当該加盟店からの報告を義務づけるなど、加盟店契約締結時に確認した事項に著しい変化があった場合に当該変化を把握できる態勢を整備しているか

④　各加盟店に対して、前払式支払手段の使用実績について、一定期間ごとに報告を求めているか。また、加盟店からの使用実績について管理している部署とは別の部署が、当該報告を受けた支払金額の正確性について検証する態勢となっているか

2 　第三者型前払式支払手段発行者の責任

1のように、第三者型前払式支払手段発行者は、加盟店調査・管理義務を負うことから、同義務違反を理由とする債務不履行責任・不法行為責任を追及することが考えられます。

この点について、サクラサイト被害に関する東京高裁平成28年2月4日判

決・ニュース113号284頁が参考になります（裁判例19参照）。同判決は、電子マネー発行会社と加盟店との関係は、信販会社と加盟店の関係とは異なることを理由に、電子マネー発行会社も信販会社と同様に義務を負うとの控訴人の主張を否定したうえで、①「電子マネー発行会社が、資金決済法の規定を前提とする金融ガイドラインに示されている確認や対応を怠り、そのために本件電子マネーの利用者に損害が生じた場合には、電子マネーに関する契約上ないしこれに付随する信義則上の義務に違反するものとして、債務不履行ないし不法行為による損害賠償責任を負う」。そして、②「電子マネー発行会社が加盟店の販売している商品や役務が公序良俗に反することを認識しながら、あるいは認識することができたのにこれを認識せず、加盟店契約を継続して決済代行を行った場合は、上記の加盟店に対する確認や対応を怠ったものであり、損害賠償責任を負う余地がある」として、第三者型前払式支払手段発行者である電子マネー発行会社が責任を負う場合がありうることを認めました（なお、結論としては、上記①および②のいずれも認められないとして、電子マネー発行会社に対する損害賠償請求は棄却されています）。

③ 設　問

　設問の場合、甲社は売買契約の当事者ではないことから、甲社に対して責任追及をすることはできないのが原則です。

　しかし、偽ブランド品の販売は公序良俗に反するものなのは明らかですので、当該加盟店に対し刑事処分や行政処分がなされた、（利用者自身や消費生活センターなどから）当該加盟店に対する苦情（偽ブランド商品を販売している）が甲社に多数寄せられている、当該加盟店に関する問題が公知のものとなっているなどの事情があるにもかかわらず、甲社が当該加盟店との契約を継続していたというような事情がある場合は、甲社に加盟店管理義務違反が認められると考えられます。

　したがって、このような場合には甲社に対する責任追及は可能といえます。

第8章　サーバ型電子マネー

　なお、提携リース事件に関してですが、大阪地裁平成24年7月27日判決・判タ1398号159頁は、2005年11月初めには提携販売店が違法な勧誘を行うことがあるとの社会的認識が広く形成されていたことから、リース会社は電話機等のリース契約について、提携販売店の指導・監督を行い、契約締結意思確認の際には違法な勧誘行為がなかったかを確認する注意義務があったとして、結論として、原告の一部についてリース会社の責任を認めました。

Q40 サーバ型電子マネーと架空請求等詐欺被害への対応

架空請求被害でサーバ型電子マネーが利用されているとの報道を見ました。サーバ型電子マネーの発行者はこのような被害が多発していることについて、何らかの防止措置をとらなくてもよいのでしょうか。

▶▶▶ Point

① 匿名性が高く、また証票等を提示・交付することなく、ID コードを入力すれば利用できるというサーバ型電子マネーの特性を悪用した架空請求等詐欺被害が多発しています。

② 事務ガイドライン（前払式支払手段発行者関係）は、サーバ型電子マネー発行者に対し、被害防止および被害回復に向けた取組みを求めるとともに、当該取組みに関し、国（行政）が行う監督手法について定めています。

1 サーバ型電子マネーとは

電子データのやりとりによって決済を行うしくみを総称して電子マネーといいますが、そのうち、利用できる金額や提供を受けることができる商品・サービスの数量（残高）が事業者（発行会社）の管理するオンライン・サーバに記録されているものをサーバ型電子マネーといい、前払式支払手段の一つとして利用されています。たとえば、Amazon ギフトや Google Play ギフト、iTunes ギフトなどがこれにあたります。

2 架空請求等詐欺被害への対応の必要性

1 の Amazon ギフトや Google Play ギフト、iTunes ギフトなどは、コンビニなどの販売店において匿名で誰でも購入することができます。また、サー

163

第8章　サーバ型電子マネー

バ型電子マネーを利用するにあたっては、利用者は、IDコードをインターネット上で入力すれば足り、証票等の提示・交付をしなくても利用できるという特性から、利便性の高い決済手段といえます。

　他方で、その特性を利用してサーバ型電子マネーを購入させて、IDを詐取するなどの架空請求等詐欺被害が多発しています。

　そこで、サーバ型電子マネー発行者に対し、被害発生状況のモニタリングや分析を通じて被害の防止と被害回復に向けた取組みを行うことが求められています。

3 架空請求等詐欺被害への対応

　架空請求等詐欺被害への対応について、事務ガイドライン（前払式支払手段発行者関係）Ⅱ-2-5で定められています。

(1) 電子マネー発行者による対応

サーバ型電子マネー発行者に対しては、次のような態勢の整備が求められています。

① 被害者からの申出等（捜査当局、消費生活センター等からの情報提供を含みます）、詐欺被害に関する情報を速やかに受け付ける体制を整備するとともに、こうした情報等を活用して、詐取された前払式支払手段を特定し、利用停止の措置を迅速かつ適切に講ずる態勢を整備していること

② 被害者からの申出等を基に、利用停止を行った前払式支払手段について未使用の残高がある場合には、被害者の財産的被害を迅速に回復するため、返金手続等について社内規則で定めることなどにより、円滑かつ速やかに処理するための態勢を整備していること　なお、サーバ型電子マネーのような前払式支払手段においては、原則として払戻しは禁止されています（資金決済法20条5項。Q42参照）が、被害者からの申出等を基に、詐欺被害として利用停止等を行った場合の返金手続等については、同法20条5項に基づく払戻しにあたらないことに留意する必要があ

164

ります。もっとも、迅速な被害回復の観点から、同条５項および前払式支払手段府令42条各号に基づく払戻しとして処理することを妨げるものではありません。

③　被害者からの申出等を基にした被害発生状況のモニタリングや分析を通じて、被害の防止等の観点から、架空請求等詐欺の手口に応じ、たとえば、次のような措置を迅速かつ適切に講ずる態勢を整備していること（苦情処理態勢に関して留意する事項は、事務ガイドライン（前払式支払手段発行者関係）Ⅱ−２−４によります）

ⓐ　前払式支払手段発行者のウェブサイト等への注意喚起の表示

ⓑ　販売時における販売端末、店頭に陳列するプリペイドカード等への注意喚起の表示

ⓒ　架空請求等詐欺に悪用されている販売方法の見直し（たとえば、悪用されている販売チャネルや販売券種における販売上限額の引下げ、取扱いの停止など）

(2)　国（行政）による対応

　国（行政）においては、まず、原因および改善策等について、深度あるヒアリングを実施し、必要に応じて資金決済法24条に基づき報告書を徴収することにより、サーバ型前払式支払手段発行者における自主的な業務改善状況を把握することとされています。また、(1)にあげた字義どおりの対応がされていない場合であっても、サーバ型電子マネー発行者の規模や特性、被害状況などからみて、被害の防止等の点から、特段の問題がないと認められた場合は不適切とするものではありません。しかし、架空請求等詐欺被害の防止および被害回復の観点から重大な問題があると認められるときには、サーバ型前払式支払手段発行者に対して、資金決済法25条に基づく業務改善命令を発出し、あるいは重大、悪質な法令違反行為が認められるときには、資金決済法27条に基づく業務停止命令等の発出を検討するものとされています（行政処分を行う際に留意する事項は、事務ガイドライン（前払式支払手段発行者関係）

第8章　サーバ型電子マネー

Ⅲ－3によります）。

4　設問の場合

　上記のように、サーバ型電子マネーを悪用した架空請求詐欺被害の多発を受けて、事務ガイドライン（前払式支払手段発行者関係）は、被害防止と被害回復に向けてサーバ型電子マネー発行者が行うべき取組みの内容と国（行政）の監督手法について定めていますが、それだけで足りるというものではありません。架空請求等詐欺被害の防止をサーバ型電子マネー発行者の取組みや国（行政）に任せるだけでなく、誰でも被害に遭う可能性があるということを認識し、また、被害に遭いそうになっていると思われる人（特に高齢者や障害者）に対する声かけ等の見守り活動を通じて被害防止を図ることが重要です（見守りネットワークについては、坂東俊矢監修『特定商取引のトラブル相談Q&A』（民事法研究会・2018年）19頁参照）。

Q41 高額電子移転可能型前払式支払手段に対する規制内容

Q41 高額電子移転可能型前払式支払手段に対する規制内容

「高額電子移転可能型前払式支払手段」についてはどのような規制がなされているのでしょうか。

▶ ▶ ▶ Point
① 高額電子移転可能型前払式支払手段はマネーロンダリング等に用いられるおそれがあることから、2022年6月3日成立の改正法により規制されることとなりました。
② 高額電子移転可能型前払式支払手段については、資金決済法および犯罪収益移転防止法において一定の規制がされています。

1 高額電子移転可能型前払式支払手段の規制の必要性

　高額電子移転可能型前払式支払手段とは、第三者型前払式支払手段で高額なチャージや価値の電子的な移転や譲渡が可能なもの（電子移転可能型）のうち、発行者が管理するしくみの外で前払式支払手段である番号等の通知により、電子的に価値を移転することが可能なもの（残高譲渡型）と発行者が管理するしくみの中でアカウント間での前払式支払手段の残高譲渡が可能なもの（番号通知型）をいいます（資金決済法3条8項）。

　高額なチャージ・移転が可能な前払式支払手段は、マネーロンダリングや特殊詐欺などの不正な目的に用いられるおそれがあります。

　そこで、2022年6月3日に成立した「安定的かつ効率的な資金決済制度の構築を図るための資金決済に関する法律等の一部を改正する法律」により資金決済法および犯罪収益移転防止法が改正され、上記のようなリスクの高い前払支払手段を高額電子移転可能型前払式支払手段として分類し、その要件

167

第8章　サーバ型電子マネー

を明確にするとともに、一定の規制を設けました（〔図表12〕参照）。

〔図表12〕　電子移転型前払式支払手段

（※第4回金融審議会資金決済ワーキング・グループ（2021年12月17日開催）資料2－1（事務局説明資料（前払式支払手段に係る対応）参照）

2　資金決済法上の規制

(1)　業務実施計画の届出

前払式支払手段発行者が高額電子移転可能型前払式支払手段を発行しようとするときは、業務実施計画を内閣総理大臣に届け出なければならず（資金決済法11条の2第1項）、また、一度届け出た業務実施計画を変更する場合も、変更届出が必要となります（同条2項）。

(2)　業務実施計画で定める内容

業務実施計画で定められる内容は次のとおりです。

① 前払式支払手段記録口座に記録される未使用残高の上限額を定める場合にあっては、当該上限額
② 当該高額電子移転可能型前払式支払手段の発行の業務を行うために使用する電子情報処理組織の管理の方法
③ その他内閣府令（前払式支払手段府令20条の2第2項）で定める事項
　　ⓐ 犯罪による収益移転の防止およびテロリズムに対する資金供与の防止等を確保するために必要な体制に関する事項

ⓑ 資金決済法23条の３第１号および第２号に掲げる措置を講ずるために必要な体制に関する事項

ⓒ 当該高額電子移転可能型前払式支払手段の発行の業務に関し利用者の意思に反して権限を有しない者の指図が行われたことにより発生した利用者の損失の補償その他の対応に関する方針

ⓓ 当該高額電子移転可能型前払式支払手段の発行の業務の内容および方法に照らし必要があると認められる場合にあっては、当該業務に関し当該高額電子移転可能型前払式支払手段の利用者以外の者に損失が発生した場合における当該損失の補償その他の対応に関する方針

ⓔ その他高額電子移転可能型前払式支払手段の利用者の保護を図り、および高額電子移転可能型前払式支払手段の発行の業務の健全かつ適切な運営を確保するための重要な事項

③ 犯罪収益移転防止法上の規制

(1) 取引時確認

資金決済法２条１項に規定する前払式支払手段発行者のうち同法11条の２第１項の届出をした者は、犯罪収益移転防止法上、「特定事業者」とされ（同法２条２項30号の２）、取引時に、本人特定事項（自然人の場合は氏名・住居・生年月日、法人の場合は名称・本店または主たる事務所所在地）や、取引目的などの確認義務を負います（同法４条）。

(2) アカウントの譲渡・譲受の禁止

アカウントの譲渡・譲受は禁止され、これに違反した場合は刑事罰が科されます（犯罪収益移転防止法28条の２）（〔図表13〕参照）。

第8章 サーバ型電子マネー

〔図表13〕 前払式支払手段発行者への制度的対応

○ マネロン上のリスクが特に高い「**高額のチャージや移転が可能なもの**」(「高額電子移転可能型」)の発行者に対し、資金決済法において業務実施計画の届出を求めるとともに、犯収法に基づく本人確認等の規律の適用を検討する。
○ 同一の機能・リスクに対しては同一のルールという考え方に基づき、機能が類似する資金移動業者・クレジットカード事業者に関する現行制度や利用実態等を踏まえ、高額の考え方は、以下の通りとすることが考えられる。
・1回当たり譲渡額等が一定額(例：**10万円超**(注1))、1か月当たり譲渡額等の累計額が一定額(例：**30万円超**(注2))

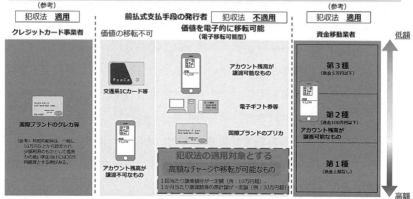

(注1) 現金を持ち込んで銀行送金する場合は、10万円超の送金に対して取引時確認(本人確認)を求める犯収法の考え方を参考に、1回当たりの譲渡額・チャージ額を10万円とすることが考えられる。
(注2) 上記クレジットカード事業者の参考欄を参照。

(第4回金融審議会資金決済ワーキング・グループ(2021年12月17日開催)資料2-1(事務局説明資料(前払式支払手段に係る対応)))参照)

Q42 電子マネーの払戻し

Q42 電子マネーの払戻し

甲社が発行している電子ギフト券1万円分を購入し、5000円分を使用しましたが、これ以上使用することはないと思い、残高5000円の払戻しを求めたところ、払戻しはできないと言われました。残高があるのに払戻しをしてもらうことはできないのでしょうか。

▶ ▶ ▶ Point

① プリペイド型電子マネーは、前払式支払手段の一つとして、資金決済法による規制を受けます。

② 資金決済法上、前払式支払手段においては、原則として払戻しが禁止されています。

1 プリペイド型電子マネーの規制法

電子マネーとは、文字どおり、電子化したお金のことですが、決済手段としてみた場合、キャッシュレス決済方法のうち、電子データのやりとりによって決済を行うしくみの総称です。もっとも、法律などで厳密な定義がなされているわけではありません。

電子マネーは、その支払いの時期（タイミング）によって、前払い（プリペイド）型、後払い（ポストペイ）型、即時払い（デビット）型に分類することができますが、設問の電子ギフト券は、商品券などと同様、事前に購入した利用額分を限度額として決済に利用できるものですので、前払い型の電子マネーとなります。

プリペイド型電子マネーは前払式支払手段として資金決済法の適用を受けます（前払式支払手段に関する規制については、Q6参照）。

171

第8章　サーバ型電子マネー

2　払戻しの原則禁止

　前払式支払手段には自家型と第三者型の二つの方法があります。いずれについても払戻しが原則として禁止されていますが（資金決済法20条5項本文）、これは次のような理由によります。

　前払式支払手段は、事前に利用額を前払式支払手段発行者に支払い（チャージする）、その範囲内において決済に利用できるというものです。

　この場合に自由な払戻し（換金や返金等を含みます）ができるとすると、（残）元本の返還を認めたことと同様になり、「預り金」にあたるおそれがあります。「預り金」とは、不特定かつ多数の者からの金銭の受け入れであって、預貯金・定期積金の受け入れや名義のいかんを問わずこれらと同様の経済的性質を有するものをいいます（出資法2条2項）が、同条1項は、業として「預り金」をするにつき他の法律に特別の規定のある者を除くほかは何人も業として預り金をしてはならないと定めていることから、前払式支払手段において自由な払戻しを認めると、同法に抵触するおそれがあります。

　また、前払式支払手段を送金手段として利用することが可能となることから、銀行法が禁止している「為替取引」に該当する可能性もあります。

　そこで、資金決済法は、払戻しを原則として禁止しつつ、例外的に、払戻しを義務づけ、あるいは払戻額が少額である場合その他発行業務の健全な運営に支障のない場合には個別の払戻しを認めています。

3　必要的（義務的）払戻し

(1)　必要的（義務的）払戻し

　前払式支払手段発行者に次の事由が認められる場合、発行者は前払式支払手段保有者に対し、残高として内閣府令（前払式支払手段府令41条1項1号）で定める額の払戻しをしなければなりません（資金決済法20条1項）。

　①　前払式支払手段の発行業務の全部または一部を廃止した場合（資金決

172

済法20条1項1号)

② 第三者型前払発行者がその登録を取り消された場合(資金決済法20条1項2号)

③ その他内閣府令で定める場合（資金決済法20条1項3号）

これらの場合に払戻しを当事者の判断に委ねると適切な対応が行われないおそれがありますので、法は払戻しを義務づけました。

払戻しを義務づけられる場合（資金決済法20条1項）、払戻手続を行うことになりますが、その額や具体的な手続は前払式支払手段府令41条に定められています。

(2) 前払式支払手段の発行業務の全部または一部を廃止した場合 ((1)①)

前払式支払手段発行者が、発行事業からの全面撤退、あるいは事業の縮小により一部撤退をする場合です。

一部の廃止とは、複数の種類の前払式支払手段のうち、その一部の種類を廃止する場合で、届出や登録に係る種類ごとに判断されますが、同一種類であっても発行日などによる区別が可能であれば、その一部を廃止することも可能です。

(3) 第三者型前払発行者がその登録を取り消された場合 ((1)②)

登録を受けなければ発行業務を行うことができない第三者型において、登録が取り消された場合は強制的に事業が廃止されたといえるので、払戻義務が課されています。

(4) その他内閣府令で定める場合 ((1)③)

現時点では該当する定めはありません。

4 裁量的（任意的）払戻し

(1) 裁量的（任意的）払戻しが認められる場合

必要的払戻しは、発行事業の廃止や登録取消しなど事業が終了する場合に適用されるものですが、事業継続中であっても、例外的に、払戻額が少額で

173

ある場合その他発行業務の健全な運営に支障のない場合は、発行者の裁量により払戻しができる場合があります（資金決済法20条5項ただし書、前払式支払手段府令42条）。

① 基準日を含む基準期間における払戻金額総額が、当該基準日の直前の基準期間において発行した前払式支払手段の発行額の20％を超えない場合

② 基準日を含む基準期間における払戻金額総額が、当該基準期間の直前の基準日における基準日未使用残高の5％を超えない場合

③ 保有者が前払式支払手段を利用することが困難となる地域へ転居する場合やその他の保有者のやむを得ない事情により当該前払式支払手段の利用が著しく困難となった場合

④ 電気通信回線を通じた不正なアクセスにより前払式支払手段の利用者の意思に反して権限を有しない者が当該前払式支払手段を利用した場合その他の前払式支払手段の保有者の利益の保護に支障を来すおそれがあると認められる場合であって、当該前払式支払手段の払戻しを行うことがやむを得ないときとして金融庁長官の承認を受けたとき

④は、不正アクセス事案の発生により大量の払戻しが必要となった場合を想定したものです。

(2) 違反の効果

資金決済法20条5項ただし書の払戻しは義務ではありませんので、(1)の場合に払戻しを行うか否かは発行者の判断によります。

資金決済法20条5項違反による払戻しがなされたとしても罰則の適用はありません。しかし、業務改善命令（同法25条）や第三者型の場合は登録が取り消される（同法27条1項3号）場合があります。また、為替取引を行ったとして、銀行法違反に問われる場合があります。

Q43 前払式支払手段の廃止と残高の払戻し

Q43 前払式支払手段の廃止と残高の払戻し

> 甲社のウェブサイトで利用するために、同社が発行するサーバ型電子
> マネーを購入し、支払いにあてました。まだ残高が残っていたのですが、
> すぐに欲しい物がなかったのでそのままにしていましたが、知らないう
> ちに甲社はサーバ型電子マネーの発行業務を廃止していました。払戻し
> を求めたのですが、甲社は、払戻期間が過ぎたので、払戻しはできない
> といっています。甲社のいうとおり払戻期間経過後の払戻しは一切認め
> られないのでしょうか。

▶ ▶ ▶ Point

① 払戻申出期間内に払戻しの申出をしなかった保有者は払戻手続から除斥
されます。

② 払戻手続から除斥されたからといって、必ずしも保有者の私法上の債権
が消滅するものではありません。

1 前払式支払手段の廃止と払戻し

　設問のような前払いのサーバ型電子マネーは、前払式支払手段に該当しま
す。前払式支払手段のうち第三者型前払式支払手段発行者と届出をした自家
型前払式支払手段発行者に対して資金決済法の前払式支払手段に関する規定
が適用されます（資金決済法5条・7条）。

　そして、資金決済法は、前払式支払手段において自由な払戻しを認めると、
出資法2条1項に抵触するおそれがあるからなどの理由から、前払式支払手
段発行者に対して払戻しを行うことを原則として禁止し、例外的に払戻額が
少額である場合その他発行業務の健全な運営に支障のない場合には個別の払

175

第8章　サーバ型電子マネー

戻しを認めています（資金決済法20条5項）。また、そのほか、前払式支払手段発行者が発行業務の全部または一部を廃止したなどの場合には払戻しを義務づけています（同法20条1項。Q42参照）。

2　前払式支払手段の廃止による払戻手続

(1)　払戻手続

前払式支払手段発行者が、その発行業務を廃止する場合、次のような手続を経て払戻しが行われます（資金決済法20条1項～4項、前払式支払手段府令41条、資金決済法33条1項1号・92条）（〔図表14〕参照）。

〔図表14〕　払戻手続

```
┌─────────────────────────────────────────┐
│  ①　前払式支払手段発行業務の全部または一部の廃止等      │
│            ↓←廃止届の提出                      │
│  ②　払戻しに係る事項の公告と保有者に対する情報提供       │
│                                          │
│  ③　60日を下らない一定期間で定めた期間内での保有者による払戻申出 │
│            ↓                             │
│  ④　払戻しの実施                              │
│            ↓                             │
│  ⑤　払戻しの完了                              │
└─────────────────────────────────────────┘
```

(2)　公告および情報提供

保有者の不測の損害防止の観点から、払戻しを行う旨や払戻し申出期間、保有者の申出方法や払戻しの方法など資金決済法20条2項および前払式支払手段府令41条6項規定の事項（〔図表15〕参照）を日刊紙または電子公告の方法により公告するとともに、当該事項を公衆の目につきやすい場所に掲示するための措置をとる必要があります（前払式支払手段府令41条2項・4項・21条2項）。

176

〔図表15〕 払戻しに関する公告事項

① 当該払戻をする旨
② 該払戻しに係る前払式支払手段の保有者は、60日を下らない一定の期間内に債権の申出をすべきこと
③ ②の期間内に債権の申出をしない前払式支払手段の保有者は、当該払戻しの手続から除斥されるべきこと
④ その他内閣府令（前払式支払手段府令41条6項）で定める事項
　ⓐ 当該払戻しを行う前払式支払手段発行者の氏名、商号または名称
　ⓑ 当該払戻しに係る前払式支払手段の保有者は、60日を下らない一定の期間内に債権の申出をすべきこと
　ⓒ 当該払戻しに関する問合せに応ずる営業所または事務所の連絡先
　ⓓ 資金決済法20条2項2号の申出の方法
　ⓔ 当該払戻しの方法
　ⓕ その他当該払戻しの手続に関し参考となるべき事項

(3) 払戻しを行うべき金額

　払戻しを行うべき金額は、払戻手続に係る公告を行った日（払戻基準日）において、利用者が保有する未使用残高全額です（具体的な計算方法については、前払式支払手段府令41条1項参照）。プレミアを付して発行している場合は、プレミア分も含めて払戻しをする必要があります。また、払戻期間中に有効期間が到来したものや消滅時効が完成したものについても、公告日が払戻基準日とされていること、公告は債務承認と評価できることから、公告日の未使用残高全額を払戻しする必要があると考えられます。

3 払戻期間経過後の残高の帰趨

(1) 払戻しの申出をしなかった者との債権債務関係

　払戻手続対象者のうち、当該手続に従って申出を行った保有者に対しては払戻しが行われ、前払式支払手段発行者との債権債務関係は終了します。

177

第8章　サーバ型電子マネー

　これに対し、払戻しの申出を行わないまま申出期間が終了した場合、その保有者は払戻手続から除斥されることになります。その結果、申出を行わなかった保有者との関係においても債権債務関係は終了するとも考えられます。

　しかし、前払式支払手段発行業務の廃止により、保有者は本来前払式支払手段を本来企図していた決済手段として利用できなくなることから、前払式支払手段発行者には債務不履行があるといえます。したがって、保有者には債務不履行に基づく損害賠償請求権や契約解除に基づく原状回復請求権が発生すると考えられます。また、払戻手続は、利用者保護を図りつつ前払式支払手段発行者に対し資金決済法に基づく規制からの退出ルールを定めたにすぎませんので、手続に従って払戻しの申出をしなかったからといって、保有者の権利行使を否定することは妥当とはいえません。

　したがって、払戻手続は私法上の債権を消滅させるものではなく、前払式支払手段発行者は、保有者が申出期間内に払戻しの申出をしなかったことを理由に債務不履行に基づく損害賠償請求や契約解除による原状回復請求を拒むことはできないと考えられます。

⑵　前払式支払手段発行者による消滅時効援用の可否

　⑴のとおり、払戻手続は払戻しの申出をしなかった保有者の私法上の権利を消滅させるものではありませんので、同人との関係では、前払式支払手段の発行停止後一定の期間が経過し、かつ時効中断事由や時効の利益の放棄がない場合、前払式支払手段発行者であった者は消滅時効を援用することができると考えられます。

　また、払戻期間中に消滅時効が完成した保有者に対しては、2⑶のとおり、公告日に債務承認があったと考えられますので、その時点から起算してさらに消滅時効が完成した場合は時効の援用が可能になると考えらます。

178

4 設問の場合

　設問の場合、相談者は、払戻しの申出をしていませんので、払戻手続から除斥されています。

　しかし、甲社が発行するサーバ型電子マネー事業を廃止したことにより、相談者は甲社に対し、債務不履行に基づく損害賠償請求または契約解除に基づく原状回復請求権を有しており、当該債権は払戻しの申出をしなかったことを理由に消滅するものではありませんので、甲社に対し、未使用残高を支払うよう請求することはできると考えられます。もっとも、払戻手続終了から一定期間が経過していて、消滅時効の援用がなされた場合は、相談者の債権は消滅しますので、未使用残高の支払請求は認められません。

第9章

QRコード決済

第9章　QRコード決済

Q44　QRコード決済のしくみ

QRコード決済とはどのようなものでしょうか。身に覚えのない利用があった場合、救済されるのでしょうか。

▶▶▶ Point

① QRコード決済はQRコードやバーコードを利用したキャッシュレス決済で、後払い、即時払い、前払いといった支払方法があります。

② 不正利用がされたときには、後払いのときはクレジットカード決済、即時払いのときはブランドデビットカード決済、前払いのときはブランドプリペイドカード決済で述べたところと同じように補償がなされます。

1　QRコード決済の特徴

QRコード決済とは、QRコードを利用したキャッシュレス決済のことです。QRコードの代わりにバーコードが用いられることもあります。

物理的なカードに代わってQRコード等を用いることにより、スマホやタブレットを決済端末に利用でき、販売店や決済事業者のコストが低くなります。各種のキャンペーンが頻繁に行われるなど利用者にもメリットがある反面、スマホを操作する手間がかかったり、通信ができないときには利用できないこともあるなどのデメリットもあります。

中国ではQRコード決済が普及しており、現金の利用がほとんど不要になるほど生活に密着しています。

QRコード決済の方法には、店舗側が提示したコードを利用者が自分のスマホで読み取る店舗掲示型（ユーザースキャン方式）、利用者が自分のスマホの画面にコードを表示させ、店舗側がそれを読み取る利用者提示型（ストア

182

スキャン方式）があります。いずれの方式を利用するときにも、利用者は決済アプリをダウンロードし、設定をしておく必要があります。

QR コード決済で最終的にどのようにして支払うかについては、物理的なカード等を用いるときの、①クレジットカード決済、②ブランドデビットカード決済、③ブランドプリペイドカード決済と同じく、①決済アプリでクレジットカードを紐づけるなどして支払いを行う後払い、②決済アプリに登録した銀行口座から支払う即時払い、③あらかじめ銀行口座やクレジットカード等でチャージした金額から支払う前払いがあります。

QR コード決済を提供する決済アプリの中には、個人間送金の機能を提供するものもあります。送金方法は決済アプリによって異なりますが、①アプリで送金額を入力して作成した送金のリンクをメール等で送信し、受取人がリンクからアプリを起動して受け取ることができるもの、②受取人にアプリで QR コードを表示してもらい、当該コードを読み取って送金額を入力すれば送金できるもの、③送金先の電話番号や ID を選択したうえで、送金額を入力して送金できるものなどがあります。

2 不正利用の際の救済

QR コード決済が不正利用されたときの補償については、最終的な支払方法が、後払いのときはクレジットカード決済、即時払いのときはブランドデビットカード決済、前払いのときはブランドプリペイドカード決済で述べたところと同じです（Q23・Q24・Q28参照）。

すなわち、後払いのときはチャージバックやリファンド、即時払いのときは預貯金者保護法による救済もしくは独自の補償制度、前払いのときは補償がないのが原則ですが独自の補償制度がある場合もあるということになります。

183

第9章 QRコード決済

Q45 QRコード決済におけるトラブル

QRコード決済におけるトラブルにはどのようなものがありますか。
利用者としてはどのようなことに気をつけておくとトラブルの予防が
できますか。

▶▶▶ Point
① QRコード決済においては、店舗掲示型、利用者提示型に応じたトラブル事例があります。
② QRコード決済のトラブルを防止するためには、利用者としても、QRコード決済の決済アプリを確認するなどしたほうがよいでしょう。

1 QRコード決済におけるトラブル事例

QRコード決済の方法には、店舗側が提示したコードを利用者が自分のスマホで読み取る店舗掲示型（ユーザースキャン方式）、利用者が自分のスマホの画面にコードを表示させ、店舗側がそれを読み取る利用者提示型（ストアスキャン方式）がありますが、それぞれの特徴に応じたトラブル事例があります。

店舗掲示型（ユーザースキャン方式）では、店舗に掲示されているQRコードに別のQRコードを物理的に貼り付けることにより、店舗とは別のところに支払いをさせるというトラブルがあります。店舗では、QRコードを出しっぱなしにしておかないことや、利用者のアプリの画面を見て、自らの店舗名が表示されているかを確認するといった対策が必要になります。

利用者提示型（ストアスキャン方式）では、利用者が決済画面を偽造して決済が行われたと見せかけるといったトラブルや、ほかの利用者のQRコード

184

を盗撮して、複製するといったトラブルがあります。店舗では、入金を確認できるアプリで確認をするなどの対策が必要になります。また、QRコード決済の運営業者でも、QRコードを一定の時間おきに変更したりといった対策をとっているようです。

これらの決済自体にかかわるトラブル以外に、通信販売で口座振込で代金を支払った後に在庫がないのでQRコード決済で返金するといわれ、スマホで返金手続を誘導されているうちに、返金してもらうはずがいつの間にか送金してしまったというQRコード決済アプリの個人間送金の機能についてのトラブルが最近出てきており注意が必要です。

2 QRコード決済トラブルの予防策

では、このようなトラブルを防ぐために利用者はどうすればよいでしょうか。

店舗掲示型（ユーザースキャン方式）では、店舗に掲載されているQRコードに改ざんされた形跡がないか、QRコード決済の決済アプリに表示される店舗名が正しいかどうかを確認したほうがよいでしょう。

利用者提示型（ストアスキャン方式）では、レジに並んでいるときに、背後からQRコードを盗撮されないように注意したり、QRコード決済の決済アプリで不審な利用履歴がないかを確認することが望ましいです。

QRコード決済アプリでは個人間送金の機能はありますが、口座振込で代金を支払ったQRコード決済で返金するというのは極めて不自然であることから、詐欺を疑い、相手方の指示に従ってスマホを操作することはやめましょう。

第10章

暗号資産

第10章　暗号資産

Q46　暗号資産（仮想通貨）とは

　最近話題となっている「仮想通貨」とは、法律上は「通貨」といえるのでしょうか。
　また、電子マネーとは何が違うのでしょうか。

▶▶▶ Point

① 　暗号資産（仮想通貨）の法律上の定義は、資金決済法で規定されています。

② 　わが国の「法定通貨」には貨幣と日本銀行券が該当しますが、法定通貨とは異なり、暗号資産（仮想通貨）には強制通用力がありません。

③ 　電子マネー（前払式支払手段）は、財産的価値を有するデジタルデータとして商品やサービスの支払いに利用できる点は暗号資産と同じですが、原則として現金化（法定通貨による払戻し）ができないなどの違いがあります。

1 　暗号資産（仮想通貨）とは

⑴　仮想通貨とは

　仮想通貨とは、それ自体が物やサービスを購入する際の対価として使用でき、ほかの通貨（仮想通貨や法定通貨）と相互に交換ができる財産的価値を有するデジタルデータをいいます。代表的な仮想通貨には「ビットコイン」（Bitcoin）や「イーサリアム」（Ethereum）があり、2017年頃にビットコインが高騰したことで世間の注目を集めることになりました。

⑵　法律上の規定

　わが国の法律においては、2016年に改正（2017年4月施行）された資金決済法において「仮想通貨」が規定され（同法2条5項）、その後、2018年の同法

188

改正により、「仮想通貨」の用語が「暗号資産」に変更されました。資金決済法2条5項における「暗号資産」の定義は、次のとおりです。

① 物品等を購入し、もしくは借り受け、または役務提供を受ける場合に、これらの代価の弁済のために不特定の者に対して使用することができ、かつ、不特定の者を相手方として購入および売却を行うことができる財産的価値であって、電子情報処理組織を用いて移転することができるもの（同項1号）

② 不特定の者を相手方として前号に掲げるもの〔①〕と相互に交換を行うことができる財産的価値であって、電子情報処理組織を用いて移転することができるもの（同項2号）

資金決済法2条5項1号に規定する暗号資産（1号暗号資産）は、主にビットコインやイーサリアムなどの仮想通貨が該当し、同項2号に規定する暗号資産（2号暗号資産）には、1号暗号資産と相互に交換可能なトークン（token）などが該当するといわれています。

なお、ビットコインやイーサリアムは、インターネットを利用した分散型台帳技術であるブロックチェーンにより流通を記録することを特徴としていますが、法律上の「暗号資産」は、分散型台帳技術を用いるか否かはもちろん、暗号化技術の有無やその内容について特段の要件は定められていないことに注意が必要です。

(3) 暗号資産に該当するか否かの判断基準

近時、電子マネーやポイントカードなどの経済的価値を有するデジタルデータが多数登場していますが、それらが「暗号資産」に該当するか否かの判断基準については、事務ガイドライン（暗号資産交換業者関係）Ⅰ－1－1で次のとおり具体例が示されています。

① 1号暗号資産の該当性について

ⓐ 「代価の弁済のために不特定の者に対して使用することができ」るの判断に際して

第10章　暗号資産

　　　㋐　ブロックチェーン等のネットワークを通じて不特定の者の間で移
　　　　転可能なしくみを有しているか
　　　㋑　発行者と店舗等との間の契約等により、代価の弁済のために暗号
　　　　資産を使用可能な店舗等が限定されていないか
　　　㋒　発行者が使用可能な店舗等を管理していないか
　　ⓑ　「不特定の者を相手方として購入及び売却を行うことができる」の判
　　　断に際して
　　　㋐　ブロックチェーン等のネットワークを通じて不特定の者の間で移
　　　　転可能なしくみを有しているか
　　　㋑　発行者による制限なく、本邦通貨または外国通貨との交換を行う
　　　　ことができるか
　　　㋒　本邦通貨または外国通貨との交換市場が存在するか
②　　2号暗号資産の該当性のうち、「不特定の者を相手方として前号に掲げ
　　るもの〔①の1号暗号資産〕と相互に交換を行うことができる」の判断
　　に際して
　　ⓐ　ブロックチェーン等のネットワークを通じて不特定の者の間で移転
　　　可能なしくみを有しているか
　　ⓑ　発行者による制限なく、1号暗号資産との交換を行うことができる
　　　か
　　ⓒ　1号暗号資産との交換市場が存在するか
　　ⓓ　1号暗号資産を用いて購入または売却できる商品・権利等にとどま
　　　らず、当該暗号資産と同等の経済的機能を有するか

2　法定通貨との違い

　わが国における「通貨」とは、貨幣および日本銀行券をいいます（通貨法
2条3項）。これらを一般に「法定通貨」と呼びますが、貨幣については額面
ごとに20枚まで、日本銀行券については無制限に強制通用力が付与されてお

り（同法7条、日本銀行法46条2項）、金銭債務の支払いにあてることができます（民法402条1項）。

一方、暗号資産は、不特定の者に対して売買代金やサービス料金の支払いにあてることができるものの、法定通貨とは異なり強制通用力を認める規定はなく、相手方は、暗号資産による支払いを拒むことができます。

3 電子マネーとの違い

(1) ポストペイ型電子マネーとの違い

いわゆる電子マネーにはプリペイド型（前払い方式）とポストペイ型（後払い方式）がありますが、ポストペイ型電子マネーは、利用者が電子マネーを利用した時点で発行事業者が加盟店へ代金を立替払いし、その後、利用者へ利用したポイントの合計額を立替金として請求することになるため、その法的性質はクレジットカード決済とほぼ同様であると考えられます。

(2) プリペイド型電子マネーとの違い

プリペイド型電子マネーは、事前に金銭（法定通貨）をポイントに交換（チャージ）し、商品の購入などの際にポイントを消費する形で支払うものであり、ポイント自体に経済的価値があるという点は暗号資産と同様です。

しかし、ポイントを使用できる店舗は当該電子マネーの加盟店に限られ（1(3)①ⓐ の「不特定の者に対して使用することができ」るとの比較）、さらに、チャージしたポイントは一定の例外を除き金銭に交換（返金）することができない（1(3)①ⓑ「不特定の者を相手方として購入及び売却を行うことができる」および1(3)②の「相互に交換を行うことができる」との比較）という点で、暗号資産とは区別されます。

191

第10章　暗号資産

Q47　暗号資産（仮想通貨）を利用した支払い

> 　私が以前、興味本位で購入してそのままになっていた仮想通貨が、購入した時から約3倍の値段になっていることがわかりました。せっかくなので、この仮想通貨を使って前から欲しかった商品を購入したいと思っているのですが、気をつけるべき点はありますか。仮想通貨を日本円に交換して商品を買う場合はどうでしょうか。

▶ ▶ ▶ Point

① 　暗号資産（仮想通貨）にはいわゆる強制通用力がないため、暗号資産を使用して支払いを行うためには、取引の相手方からその暗号資産による支払いについて同意を得る必要があります。また、販売店等が暗号資産による支払いを可能としている場合でも、条件や制限が付されている場合があります。

② 　暗号資産（仮想通貨）を利用して売買代金やサービス料金の支払いにあてた場合、暗号資産の取得時の価格と使用時の価格に応じて所得税が課税される場合があります。これは、暗号資産（仮想通貨）を日本円に交換（現金化）した場合も同様です。

1 　暗号資産（仮想通貨）を利用した支払い

　民法における金銭債務の履行と暗号資産による支払いについて、同法402条1項は、売買代金の支払いなど金銭債務を履行する債務者は「その選択に従い、各種の通貨で弁済をすることができる」と規定しています。わが国で強制通用力を有する通貨（法定通貨）は貨幣および日本銀行券であり（通貨法2条3項・7条、日本銀行法46条2項。Q46参照）、法定通貨による支払いであれ

192

ば、強制通用力の範囲で使用できることになります。

なお、強制通用力を有する通貨であれば、外国の通貨による支払いも可能と規定されていますが（民法402条3項）、わが国において、店頭やインターネット通信販売で商品代金等を支払う際には、日本円による支払いに限る旨が明示されているか、特に明示されていなくても「日本円での支払いに限る」という黙示の意思表示があると評価できる場面が多いと思われます。

しかし、ビットコインやイーサリアムなどの暗号資産を商品やサービスの「代価の弁済のために不特定の者に対して使用することができ」るとされている以上（資金決済法2条5項1号）、取引の相手方である販売業者等が暗号資産による支払いを可能としている場合には、暗号資産を使って商品やサービスの代金を支払うことができます。

② 暗号資産（仮想通貨）を使用する際の留意点

(1) 暗号資産の送金方法

暗号資産はデジタルデータであり、通常は、暗号資産の保管場所（ブロックチェーンに記録されている内容など）と、それを正しく取引するための暗号鍵の情報を組み合わせたデータ（「ウォレット」と呼ばれます）で管理されています。一般的に、ウォレットは、①インターネットに接続された状態であるか否かの違いによってホットウォレットとコールドウォレットに分類され、また、②アプリやソフトウェアなどで管理されているか否かによってソフトウェアウォレットとハードウェアウォレットに分類されますが、暗号資産を利用して商品やサービスの代金を支払うためには、インターネットに接続された状態で（ホットウォレット）、かつ、スマホアプリなどを利用して送金が可能な状態（ソフトウェアウォレット）で取引を行う必要があります。

また、暗号資産の取引（送金）は当事者間で直接行うことも可能ですが、銀行振込とは異なり、取引を集中的に管理・承認するしくみが用意されておらず、送金などの取引が反映されるまでに時間がかかることが多いため、店舗

第10章　暗号資産

やインターネット通信販売などの支払いの場面で当事者が暗号資産を直接取引（送金）することは現実的でない場合も多いと思われます。そこで、事業者が暗号資産による支払いを可能としている場合でも、特定の暗号資産交換業者や暗号資産交換プラットフォームが提供しているウォレットに限定したうえで、使用できる暗号資産の種類もそれらのサービスで送金可能なものに限るといった制約を設けていることが一般的です。

(2)　暗号資産の取引と課税の問題

また、暗号資産による取引によって利益が生じた場合は、その利益について所得税の確定申告が必要になります（国税庁「暗号資産に関する税務上の取扱いについて（情報）」（2022年12月22日））。

国税庁の扱いでは、暗号資産を取得した時点の価格よりも高額で処分した場合に生じた差額は、原則として「雑所得」に分類されます。また、仮に取得時の価格よりも低い価格で処分した（損失が生じた）場合でもほかの所得と通算することはできず、翌年以降に暗号資産によって利益が生じた場合に過去の損失との損益通算ができないとされています。

つまり、日本円などの現実通貨を使用して商品やサービスの代金を支払った場合には所得税が課税されないのに対し、暗号資産を使用して商品やサービスを購入した場合は、暗号資産の取得時価格と処分時価格に注意しなければなりません。これは、暗号資産をほかの仮想通貨や法定通貨（日本円など）へ交換した場合も同様です。

なお、初めて暗号資産を取得した場合や、異なる種類の暗号資産を取得した場合は、取得した年の確定申告期限までに「所得税の暗号資産の評価方法の届出書」を納税地を管轄する税務署長に提出する必要があります。

③　設問の場合

(1)　暗号資産を利用した代金支払いの可否

設問の場合において、保有している暗号資産（仮想通貨）を使用して商品を

購入するためには、販売事業者が支払方法として当該暗号資産による支払いを認めている必要があります。また、仮に可能であるとしても、暗号資産交換業者や暗号資産交換プラットフォームが指定されていることがあり、その場合は、それらのサービスで使用できるウォレットを保有していることが条件となることに注意が必要です。

また、設問では、当該暗号資産の価格が購入した時点から３倍になっているため、暗号資産を使用して商品を購入した時点、または暗号資産を日本円に交換した時点で雑所得が発生し、原則として所得税の確定申告が必要となることに注意が必要です。

(2) 暗号資産の決済手段としての位置づけ

暗号資産は、法律上は商品やサービスの代金の支払いに利用することができるとされていますが、多種多様な暗号資産を代金支払いに利用できる環境の整備が十分ではなく、課税面の問題もあるため、実際には、暗号資産が代金決済の手段として利用される機会はほとんどなく、主に投資や投機の対象として取引されているのが実情といえます。

┌─ コラム⑩ 代金決済手段としての暗号資産（仮想通貨）─

(1) 仮想通貨の特徴

ビットコイン（Bitcoin）やイーサリアム（Ethereum）をはじめとする「仮想通貨」は、2000年代後半に登場し、徐々に広まってきました。

国家や中央銀行が発行・管理する法定通貨と異なり、仮想通貨は国家や政府などの関与がなく、仮想通貨によっては発行主体や管理者が存在しない場合もあります。インターネットをインフラとして自由に取引ができ、国家による資産や取引に対する規制を受けにくいことが仮想通貨の最大の特徴であり、新興国や発展途上国では、富裕層が、自国の法定通貨よりもビットコインやイーサリアムなどの著名な仮想通貨で資産を保有する人が多い国もあるようです。

(2) 仮想通貨の問題点

一方、仮想通貨に対しては以下のような問題点が指摘されています。

まず、仮想通貨は流通のインフラとして誰でもアクセス可能なインターネッ

トを利用しているため、ブロックチェーンをはじめとする仮想通貨の流通に対するセキュリティ確保が重要な課題となっています。仮想通貨に対しては、不正アクセスなどが原因で取引所から多額の仮想通貨が流失するなどの事件が多発していますが、セキュリティ被害に対する補償や取引所の倒産などに対する利用者保護といった対策が不十分であることが多いといわれています。また、仮想通貨の流通は匿名性が高いことが多く、マネーロンダリングの手段として利用されたり、犯罪組織による資金集めの手段として利用されたりするという問題も浮上しています。

わが国でも、仮想通貨が絡んだ各種の詐欺被害（国際ロマンス詐欺、投資詐欺など）が社会問題となっていますが、世界各国の警察が協力して国際犯罪組織の撲滅に全力を挙げている状況において、仮想通貨が不正送金の「抜け穴」として機能してしまっているのが実情です。

このような問題点から、自国の通貨の信用力が高い先進国を中心として、仮想通貨は違法・不正な活動の温床と位置づけられ、禁止または厳しい法規制が加えられる傾向にあります。

(3)　わが国の法律上の仮想通貨（暗号資産）の位置づけ

　(A)　フィンテック・ブームと「仮想通貨」の法制化

2010年代に入り、金融サービスと情報通信技術（ICT）を融合したフィンテック（Fintech）が提唱され、仮想通貨は、フィンテック・ブームを牽引する技術として注目を集めました。仮想通貨登場当初のわが国では、仮想通貨の流通について禁止や規制を行わなかったため、多くの仮想通貨交換所（取引所）が開設されることとなりましたが、2014年に日本の株式会社が運営する大手仮想通貨取引所「マウントゴックス」の運営会社（MTGOX）が倒産し、不正アクセスによる顧客の預り資産の大量流出や経営陣のマネーロンダリングへの関与などが問題となったことから、2016年に、資金決済法および犯罪収益移転防止法が改正されました（2017年4月施行）。

この法改正により、「仮想通貨」の定義が資金決済法で規定され、仮想通貨交換業者を登録制とするとともに、仮想通貨交換業者に対し取引時の確認義務や疑わしい取引に対する報告義務を課すことになりました。法律で「仮想通貨」を資金決済手段の一つとして規定するこの法改正は、世界に先駆けた法改正といわれていますが、当時のわが国における仮想通貨の位置づけは、マネーロンダリングなどの不正対策を意識しつつ、商品やサービスの決済手段としての活用を念頭においていたといえるでしょう。

(B) 「仮想通貨」から「暗号資産」へ

　改正資金決済法が施行された2017年頃から、仮想通貨が世界的に脚光を浴びることとなり、価格が暴騰、乱高下することとなりました。この頃から、仮想通貨は、決済手段としての側面よりも投資や投機の手段としての側面が強調されるようになり、多くの仮想通貨やICO（仮想通貨による資金調達）が登場しました。わが国でも、仮想通貨の多額の含み益を有する人を「億り人」などと称したり、ICOや仮想通貨の新規発行に著名な芸能人が関与したりしたことが話題になるなど、「仮想通貨バブル」が起こります。

　しかし、新規の仮想通貨の発行やICOには、詐欺あるいは詐欺まがいのものが多く、トラブルが増加しました。さらに、2018年に発生した「コインチェック事件」（国内大手仮想通貨交換業者に対する不正アクセスにより時価580億円相当の仮想通貨が流出した事件、被害者は26万人といわれている）が追い打ちをかけて、「仮想通貨バブル」は崩壊、仮想通貨に対するマイナスイメージが広がる結果となりました。

　結局、わが国でも、2019年に成立し、2020年5月に施行された改正法（情報通信技術の進展に伴う金融取引の多様化に対応するための資金決済に関する法律等の一部を改正する法律）により、これまでの法律の「仮想通貨」という呼称を「暗号資産」と改めるとともに、暗号資産を金融商品取引法や金融商品販売法の規制対象に含め、暗号資産交換業者に対して顧客資産の保護や暗号資産に関する広告・勧誘行為等の規制を及ぼすなどの規制強化が行われました。

　さらに、2021年には、国税庁が、暗号資産を売却または使用することにより生じた利益について、原則として雑所得として所得税の確定申告が必要になるという方針を明確にしたため、商品やサービスを購入する際に、電子マネーを利用した場合と暗号資産を利用した場合で税制面での取扱いが異なることになりました。

　資金決済法においては、商品やサービスの決済手段としての「暗号資産」の規定自体は残されているものの、上記の法律や税制面での改正により、わが国における暗号資産（仮想通貨）は、株式などと同様に金融商品の一つとして位置づけられ、決済手段としての位置づけは大きく後退したといえるでしょう。

第10章　暗号資産

Q48　暗号資産（仮想通貨）の購入をめぐるトラブル

SNS で海外在住の女性からメッセージが届いたのをきっかけにやり取りが始まり、交際を求められました。その後、「二人の将来のため」として海外の ICO（暗号資産による資金調達）案件の投資を勧められ、相手にいわれるまま200万円分の仮想通貨を購入して送金しました。しかし、しばらくすると投資サイトは閉鎖され、相手のアカウントも削除されてしまいました。相手とのやりとりは SNS 上だけで、直接会ったことはありません。200万円を返してもらえますか。

▶▶▶ Point

① 近時、SNS を通じて暗号資産を用いた投資案件へ勧誘され、高額の金銭被害が生じるトラブルが増加しています。

② 投資型 ICO（暗号資産による資金調達）については、事業が成功すれば利益が得られる反面、詐欺・詐欺まがいの案件も多く、資金決済法および金融商品取引法の改正で顧客保護のための規定が追加されました。しかし、外国の事業者による ICO 案件には未登録業者による違法な勧誘の事例も多く、わが国の法律を適用できない事案もあります。

③ 法的には、勧誘者や発行者に対する錯誤や詐欺による取消し、不法行為に基づく損害賠償請求などを検討することになりますが、相手方の特定や回収可能性が問題になるケースが多いのが実情です。

1　SNS を通じた投資被害

近時、マッチングアプリや SNS サイトを通じて知り合った相手から金銭の援助を求められたり投資を勧誘されたりして、多額の金銭を騙し取られると

198

いう詐欺被害が増加しています。たとえば、国民生活センターのウェブサイトには、「ロマンス投資詐欺が増加しています！　その出会い、仕組まれていませんか？」、「詐欺的な投資勧誘トラブル」などの記事が公開されています。具体的な手口はさまざまですが、マッチングアプリやSNSなどインターネットのチャットで近づき、やりとりを重ねて親密になった後に、金銭の支援を求めたり投資を勧めたりして、銀行振込（海外送金を含む）や暗号資産の送金（その前提としてのウォレットの開設を含む）を行うよう求める、という事案が多いようです。これらの被害の特徴は、被害者が、加害者とはインターネット上のやりとりだけで一度も顔を合わせたことがなく、相手方を特定する手がかりとなる情報もマッチングアプリのIDやSNSアカウントなどしかないという事案が極めて多いことです。

　設問は、投資被害トラブルとして増加している「暗号資産を利用した資金調達（Initial Coin Offering：ICO）」による投資トラブルの事案です。

2　ICO（暗号資産を利用した資金調達）とは

(1)　ICOのしくみ

　企業の資金調達手段にはさまざまなものがありますが、特にベンチャー企業においては、自社の株式（未公開株式）を購入してくれる投資家を募集して資金を集める、という資金調達手法をとることがあります。このような、株式を用いた資金調達を一般的にIPO（Initial Public Offering：「新規株式公開」と訳します）と呼びます。IPOで株式を購入した投資家は、株式配当金が得られるほか、事業が成功して証券取引所への株式公開（上場）が実現すれば株式を市場で売却して莫大な売却益（キャピタルゲイン）を得ることができます。しかし、投資した企業が事業に失敗して経営破綻すれば、株式が無価値になってしまうというリスクも負担することになります。

　一方、ICOにおいては、企業が独自に発行するデジタルデータ（トークン）を投資家に購入してもらう方法で資金調達を行います。トークンの代金は法

第10章　暗号資産

定通貨で支払う場合もありますが、ビットコインやイーサリアムなどの暗号資産を利用した支払いによる事案も多いといわれています。

ICO により資金調達を行う企業は、事業内容や将来の事業計画などを記載した「ホワイトペーパー」と呼ばれる資料を公開し、トークンを購入した投資家へさまざまな特典が提供される場合があります。また、企業が事業を成功させてトークンを暗号資産交換所へ登録（上場）すれば、投資家がトークンの売却益を得ることもできます。

(2)　ICO の問題点

上記のとおり、ICO は、IPO の場合に投資家へ発行される未公開株式を、「暗号資産（トークン）」へ置き換えたものといえるでしょう。

しかし、株式の新規発行を伴う IPO は、各国の法律で投資家保護のための各種の規制が定められているのに対し、暗号資産（トークン）の新規発行を伴う ICO については投資家保護のための法整備が不十分な国が多く、トークンを購入した投資家の権利の内容も曖昧・多種多様であり、事業計画が杜撰、あるいは詐欺・詐欺まがいの投資案件も多く存在するといわれています。そのため、ICO により資金調達をした企業が、事業に失敗してトークンが無価値になる、または事業化に漕ぎ着けた後もトークンの価値が上がらず売却困難になるといった問題事例が横行していると指摘されています。

ICO で発行されるトークンは、企業が独自に発行したデジタルデータに過ぎず、その信頼性や経済的価値が不安定であり、投資家保護のための法整備も不十分であることから、投資家からみても、極めてハイリスクな投資手段であるといえます。

(3)　わが国における ICO の位置づけ

金融庁は、ICO について、「企業等がトークンと呼ばれるものを電子的に発行して、公衆から法定通貨や暗号資産の調達を行う行為の総称」と定義しています（事務ガイドライン（暗号資産交換業者関係）Ⅱ－2－2－8－1）。また、ICO で発行されるトークンは、資金決済法2条5項2号に規定する「不

200

特定の者を相手方として前号に掲げるもの〔筆者注：ビットコインに代表される１号暗号資産〕と相互に交換を行うことができる財産的価値であって、電子情報処理組織を用いて移転することができるもの」（２号暗号資産）に該当します（Q46参照）。

当初、暗号資産（仮想通貨）は、資金決済法において商品・サービスの代金支払手段としての機能に着目した法整備が行われましたが、暗号資産を用いた決済は普及せず、暗号資産自体が投資や投機の対象になっているという実情を踏まえ、2019年に改正された資金決済法および金融商品取引法（2020年５月１日施行）では、改正前における同法２条５項に規定した「仮想通貨」の呼称を「暗号資産」に改めるとともに、暗号資産を、金融商品取引法の「金融商品」に追加しました（同法２条24項３号の２）。

⑷　現行法における ICO に対する法規制

ICO には「投資型」「その他権利型」「無権利型」などの分類があるとされていますが、発行者が将来的な事業収益等の利益を分配する義務を負うタイプの ICO（投資型 ICO）に関する現行法の主な規制は、次のとおりです。

(A)　暗号資産交換業の登録

トークンの売却や他の暗号資産との交換を業として行う者は、暗号資産交換業者に該当し、内閣総理大臣の登録が必要となります（資金決済法63条の２）。

ICO でトークンを発行する企業等（発行者）が、登録暗号資産交換業者（販売者）へトークンの販売を委託する場合、原則として、トークンの発行者が暗号資産交換業登録を行う必要はないとされていますが、事務ガイドライン（暗号資産交換業者関係）Ⅱ－２－２－８－１の（注１）では、発行者と販売者との契約内容や販売行為の内容、発行者による販売への関与の度合い等を考慮のうえで個別具体的に判断するとされており、たとえば、販売者が発行者へ販売方法などを個別具体的に指示するなど、実質的に発行者による販売と同視できる場合は、トークン発行者について暗号資産交換業登録が必要とな

201

第10章　暗号資産

ります。

(B)　情報開示義務

　暗号資産交換業者は、販売する顧客に対し、暗号資産の性質や暗号資産の損失リスクの有無とその理由等の顧客保護のために必要な情報を、書面その他の方法により説明する義務があり（資金決済法63条の10、暗号資産交換業者府令21条・22条）、さらに、トークンの販売に関与する暗号資産交換業者は、発行者や対象事業、その適格性や実現可能性等の顧客保護に必要な情報を顧客へ提供する義務があります（事務ガイドライン（暗号資産交換業者関係）Ⅱ－2－2－8－2、および一般社団法人日本暗号資産交換業協会「新規暗号資産の販売に関する規則」5条・15条6項・7項）。

(C)　取引における顧客保護

　暗号資産交換業者がICOにより顧客から資産を預かる場合、その預り資産の分別管理義務や暗号資産関係情報の適切管理義務、利益相反の管理義務、犯罪収益移転防止法に基づく取引確認義務などの義務が課せられます。

　また、ICOによる暗号資産の取引についても、風説の流布、偽計、暴行または脅迫、相場操縦行為等その他不正行為が規制対象となっています（金融商品取引法185条の22～185条の24）。

③　設問の場合

(1)　ICOの違法性

　設問では、SNSを通じて「海外のICO案件」の勧誘を受けています。この種の事案では、少なくとも日本でICOを行う際に必要な上記の法規制を満たすような投資案件はほとんどなく、詐欺・詐欺まがいの実体のない事業計画による募集であるケースで占められているといってよいでしょう。

　日本国内に在住する者へトークンを販売する場合、たとえトークン発行者が海外を拠点とする企業であっても日本の暗号資産交換業登録が必要であり、未登録業者が日本国内へ向けて業としてトークンを販売することはでき

202

ません。そして、設問のような投資被害の事案では、トークンの販売者のほとんどが未登録業者といわれています。また、日本語のICO募集要綱がないなど、表面上は日本向けにトークンの販売事業を行っていないという体裁をとり、当然にわが国の法規制が及ぶかどうかが微妙とされる事案もあります。

(2) 相手方の特定

投資被害の事案では、トークンの発行者が実体のないペーパーカンパニーで、SNSで勧誘する者が発行者・販売者の一味であるという事案も多いと思われます。しかし、勧誘者とのつながりがSNSだけで直接面識がない場合、そのアカウントの利用者の特定に困難を伴うことが多いのが実情です。

トークンの購入費用を銀行振込などで支払っている場合、送金先口座の名義人に対する責任追及や、振り込め詐欺救済法による口座凍結などを検討できますが、トークンを暗号資産で購入（送金）した場合、暗号資産の送金は匿名性が高く、送金先の情報（氏名や住所など）を調査することは困難を伴うため結果的に加害者を特定できない事案も少なくありません。

(3) まとめ

上記のとおり、海外のICO案件への投資を謳う詐欺被害は、現状では被害回復が困難な事案が多いというのが実情といわざるを得ません。

なお、詐欺被害の増加に伴い、被害者から依頼を受けた弁護士が、弁護士法23条の2に基づく照会（弁護士会照会）により、SNS運営者へアカウント情報を照会した場合、従来は、プライバシー保護や通信の秘密を理由に回答を拒む事業者が大半でした。しかし、近時は被害救済の見地からアカウント情報の開示に応じた事例も出ています。被害救済の観点からは、SNS運営者は弁護士会照会に対して回答する義務があるといえるでしょう。

第10章　暗号資産

コラム⑪　暗号資産交換業者へのサイバー攻撃と顧客に対する損害賠償責任等

(1)　暗号資産に対するサイバー攻撃の脅威

　暗号資産（仮想通貨）の流通は、誰でも利用可能なインフラであるインターネットを利用しています。特定の管理者やサーバを設置しないことが多い暗号資産では、インターネットをインフラとして利用することで、低コストかつ誰でも利用できる環境を実現できることが重要であり、本質的な特徴ともいえます。

　しかし、仮想通貨が資産価値のある情報として注目を集めるようになったことから、仮想通貨の取引システムに対する不正アクセスや、仮想通貨を保有する者の端末をマルウェアなどに感染させて秘密鍵（パスワード）を盗み取るといった被害が多く発生しています。現時点では、インターネット上のサイバー攻撃を100％阻止することは技術的に難しく、暗号資産は常にサイバー攻撃の危険に晒されているといっても過言ではありません。

　特に、暗号資産交換所に対するサイバー攻撃は、交換所が保管している多額の暗号資産が流出・流失することから甚大な影響が生じることになります。わが国でも、2014年に発生した暗号資産交換所「マウントゴックス（MTGOX）」の運営会社がサイバー攻撃による被害を受けた事案では、これを発端として同社にさまざまな問題や経営陣による不正が浮上して経営破綻するに至りました。さらに、2018年に暗号資産交換所「コインチェック（Coincheck）」の運営会社がサイバー攻撃による被害を受けて多額の暗号資産（NEM：ネム）が流出し、暗号資産の取引サービスを中止して取引ができない状態となった事案では、関東財務局から業務改善命令が出されるに至っています。

(2)　暗号資産交換業者のサイバー攻撃被害による取引停止と損害賠償責任

　(1)で述べた「コインチェック」運営会社に対するサイバー攻撃の事案では、580億円相当の NEM が流出しただけでなく、被害発生直後から暗号資産についての取引サービスを停止し、サービスを再開するまで約１カ月間を要しました。しかも、サービス停止期間中、顧客は流出した NEM だけでなくすべての暗号資産の取引や出金ができない状態となり、同社が顧客から預かっていた資産についてもインターネット接続を維持した状態（ホットウォレット）で管理しており、インターネットから遮断された状態（コールドウォレット）を使用していなかったことが明らかとなりました。

　「コインチェック」運営会社に対するサイバー攻撃被害においては、同社のサービスを利用していた顧客が同社に対し損害賠償請求訴訟を提起した事案

204

の裁判例が複数公表されています。主な争点や攻撃防御方法は各訴訟で細かい違いがありますが、①ハッキングその他の方法により同社の資産か盗難された場合に顧客へ通知することなくサービス停止や中断ができるとする同社の利用規約の有効性、②同社に対するサイバー攻撃による被害について運営会社として債務不履行責任、そして③同社が行った顧客に対するNEM相当額の日本円による補償が適切でないことを理由とする債務不履行責任が問題となりましたが、裁判所は、①については、利用規約の規定は消費者契約法8条1項、8条の2および10条には違反せず有効であると判示し（東京地裁平成31年2月4日判決・金法2128号88頁・裁判例20）、②および③についても運営会社の債務不履行責任を否定して顧客の損害賠償請求を棄却しました（東京地裁令和3年6月25日判決・金判1625号23頁・裁判例21、東京地裁令和3年8月24日判決・LEX/DB25601386・裁判例22）。

(3) 暗号資産交換業者のサイバー攻撃被害による暗号資産の流失と暗号資産送信義務

「コインチェック」運営会社に対するサイバー攻撃被害においては、ハッキングにより流出した暗号資産（NEM）を保有し同社へ預けていた顧客に対しては、日本円による補償が行われましたが、日本円による補償ではなく、サイバー攻撃被害を受けた当時に顧客が預けていたNEMと同数のNEMを顧客が指定するアドレスへ送信することを請求できるか否かも問題となりました。この点については、サービス提供を中止する措置をとっていたとしても同社の利用規約に基づく顧客の預り資産を顧客の指示するアドレスへ送信する義務を負っていたとして、これを認めた裁判例があります（東京地裁令和4年4月27日判決・LEX/DB25605502・裁判例23）。

第10章　暗号資産

コラム⑫　ロマンス詐欺

　ロマンス詐欺というのは、外国人らが架空の人物を装って、SNSなどを通じて知り合った異性に恋愛感情や親近感を抱かせて、金銭などを送金させるという特殊詐欺の一種です。

　近年のロマンス詐欺では、SNSや婚活アプリからLINEなどのチャットアプリに誘導してやりとりをするようになっており、日本の銀行振込（以前はベトナム人などの外国人名義が多かったが、最近は日本人名義が多いです）やビットコインなどの暗号資産（仮想通貨）の送金をさせるようになっています。

　新しい手口としては、被害者と親しくなったうえで投資を呼びかけて、金融商品取引法や資金決済法で登録されていない外国に所在するという取引所に登録させ、取引所では利益が出ていることから信用させたうえで、多額の金銭を送金させて、出金を求めるとシステムトラブルが発生したとか、返金の手数料がいるようになったなどとして出金を拒んだうえで、結局連絡がとれないものが出てきています。

　国民生活センターでは、2022年3月3日付けで、このような手口について、ロマンス投資詐欺が増加しているとして注意喚起をしています。

　最近では、SNSで有名な投資家や経済人を騙って、投資グループのLINEグループに登録させ、その中の代表的な人物がLINEで水素や金への投資を呼びかけてきて、無登録取引所に登録させるという、動機が恋愛感情等からではないものの手口としてはロマンス詐欺とほぼ同様な投資詐欺が出てきています。

　このようなロマンス詐欺の被害回復は現実には難しく、多くの場合、被害を全く回収できないか、ごく少額の回収にとどまることが多いのが現状です。それにもかかわらず、弁護士に依頼すれば高額の回収が確実であると誤信させるようなロマンス詐欺や投資詐欺等を取り扱う弁護士の広告が散見されており、注意が必要です。

第11章

裁判例

第11章 裁判例

------------------------------ 口座振込 ------------------------------

| 裁判例1 | 誤振込を知った受取人がそのことを秘して預金を引き出した行為と詐欺罪の成否 |

▶最高裁平成15年3月12日判決・刑集57巻3号322頁

【事案の概要・判断内容】

　（誤振込であっても、受取人である被告人と振込先の銀行との間に振込金額相当の普通預金契約が成立し、被告人は、銀行に対し、同振込金額相当の普通預金債権を取得することを前提としつつ）受取人においても、銀行との間で普通預金取引契約に基づき継続的な預金取引を行っている者として、自己の口座に誤った振込があることを知った場合には、銀行に上記の措置を講じさせるため、誤った振込があった旨を銀行に告知すべき信義則上の義務があると解される。社会生活上の条理からしても、誤った振込については、受取人において、これを振込依頼人等に返還しなければならず、誤った振込金額相当分を最終的に自己のものとすべき実質的な権利はないのであるから、上記の告知義務があることは当然というべきである。そうすると、誤った振込があることを知った受取人が、その情を秘して預金の払戻しを請求することは、詐欺罪の欺罔行為にあたり、また、誤った振込の有無に関する錯誤は同罪の錯誤にあたるというべきであるから、錯誤に陥った銀行窓口係員から受取人が預金の払戻しを受けた場合には、詐欺罪が成立する。

| 裁判例2 | 誤振込の受取人に電子計算機使用詐欺罪の成立 |

▶山口地裁令和5年2月28日判決・刑弁116号87頁

【事案の概要・判断内容】

　町から自己名義の預金口座に臨時特別給付金を誤って振込入金されたことを利用して、正当な権限がないにもかかわらず、自己の電子計算機を使用し、銀行の電子計算機に対して、正当な権限があるような虚偽の情報を与え、オンラインカジノサービスの決済代行業者にオンラインカジノサービス利用料

208

金の支払いをして、これを利用しうる地位を得た事案について、被告人に電子計算機使用詐欺罪の成立を認めた。

---------------------------- クレジット ----------------------------

裁判例3 個別クレジットにおける加盟店の不実告知と消費者契約法5条の適用

▶大津地裁長浜支部平成21年10月2日判決・ニュース82号206頁

【事案の概要・判断内容】

　個別クレジットにおいては、加盟店契約において加盟店がクレジット制度を利用して顧客に商品を販売することとされ、顧客のクレジット申込書は加盟店を通じて信販会社に提出し、信販会社の承諾可否の結果を加盟店が顧客に通知することとされているから、加盟店は信販会社と顧客の間に立って、両者間に立替払契約が成立するよう尽力することを信販会社から委託されているものといえ、信販会社が加盟店に対して立替払契約の媒介を委託していると評価できるから、立替払契約について消費者契約法5条（媒介者または代理人の行為についての消費者契約法4条による取消し）の適用がある。

　加盟店が信販会社の承諾なく代理店、取次店に媒介業務を再委託している場合であっても、立替払契約について消費者契約法5条の適用を妨げず、加盟店契約上、信販会社の承諾のない代理店、取次店の利用が禁止されていてもその理は変わらない。

　本件立替払契約の成立により、既存の立替払契約が解約できるという事情は、本件立替払契約の重要事項にあたるところ、販売店担当者がこれを告げたことにより顧客が本件立替払契約の申込みをしたのであるから、消費者契約法4条により顧客は本件立替払契約を取り消すことができるとして、信販会社に対し既払金の返還を命じた。

209

第11章　裁判例

| 裁判例4 | 個別クレジットの原因取引が公序良俗違反により無効とされる場合における個別クレジット契約の効力 |

▶最高裁平成23年10月25日判決・民集65巻7号3114頁

【事案の概要・判断内容】

　売買契約が公序良俗違反で無効であるとされた場合であっても、販売店と信販会社との関係、販売店の手続への関与の程度、販売店の公序良俗違反行為についての信販会社の認識の有無および程度に照らし、売買契約と一体的に立替払契約についてもその効力を否定することを相当とする特段の事情があるときでない限り立替払契約が無効となる余地はない。

| 裁判例5 | クレジットカード取引におけるカード会社の信義則上の義務およびその義務違反によるカード利用者に対する債務不履行 |

▶東京地裁平成21年10月2日判決・ニュース84号211頁

【事案の概要・判断内容】

　クレジットカード会社は、信義則上、利用者と加盟店との間のトラブルの有無や内容の状況を確認調査するなどして、むやみに購入者が不利益を被ることのないよう協力すべき信義則上の義務を有すること、具体的には、国際ブランドと直接ライセンス関係を有する国際ブランドカード会社などに掛け合ってチャージバックを踏まえた要請をするなどしなければならないことを認め、その義務を怠った場合には、利用者に対する関係で債務不履行となり、その義務を果たしたことによってチャージバックが行われていれば利用者が被ることがなかったはずの損害についてのクレジットカード会社の賠償責任を認めた。

| 裁判例6 | 呉服販売業者が自社従業員に個別クレジットを利用して違法な販売を行った場合における割賦販売法30条の4の適用除外抗弁対抗 |

▶大阪地裁平成20年1月30日判決・判時2013号94頁

【事案の概要・判断内容】

　呉服販売業者が従業員に対して呉服等の自社商品を販売した行為につき、

210

従業員の支払能力に照らし過大であり、売上目標の達成のため事実上購入することを強要したものであるとして、公序良俗に反して無効とし、呉服販売業者が従業員に対して行う割賦販売について、抗弁対抗規定（割賦販売法30条の4）の適用除外を認めず、呉服販売業者が従業員に対して呉服等の自社商品を販売した行為が公序良俗に反して無効であることをもって、売買代金の立替払債務の履行を請求する信販会社に対して対抗することができるとした。

裁判例7	クレジットカードの不正利用事案におけるカード約款上のカード会員の免責規定の適用範囲

▶東京地裁平成27年8月10日判決・判時2287号65頁

【事案の概要・判断内容】

　いわゆるぼったくりバーを利用した客が、いったんは支払いのためクレジットカードを店員に渡したものの、100万円もの支払いを請求されたことから、伝票にサインをせず、カードを回収し、その後、店側との間で5万円の支払いとの合意が成立し、これを支払って帰ったが、後日、カードの利用があったとしてカード会社から支払いを求められた事案について、クレジットカード約款における「盗難、詐取、横領の場合で、警察への届出がある場合、カード会員の損害をカード会社が塡補する」旨の規定は、盗難等以外の態様（事由）による不正使用がなされた場合のカード会員の責任について何ら定めないという趣旨の規定ではなく、盗難等と同様に会員を免責することが合理的である場合も考えられることからすれば、約款に列挙された事由は例示的なもので、それ以外の態様（事由）によりカード会員の正当な意思によることなくカードの占有が移転されるなどして、カードが不正使用された場合についても、規定によるカード会員の免責は適用される、としてカード会員である客の支払義務を否定した。

211

第11章　裁判例

裁判例8	個別クレジット業者の信義則上の注意義務・個別クレジット契約の公序良俗違反無効と消費者に対する不法行為責任

▶高松高裁平成20年1月29日判決・判時2012号79頁

【事案の概要・判断内容】

　精神神経障害を発症した女性が複数の呉服販売業者から総額約6000万円に及ぶ着物等を購入させられたケースで、全体の約60％の取引を行っていた大手呉服販売業者および信販会社に対し既払金の返還等を求めた事案において、信義則を根拠に、高額商品を販売する販売店は不当な過量販売その他適合性の原則から著しく逸脱した取引をしてはならない義務を負い、提携する信販会社もこれに応じて不当に過大な与信をしてはならない義務を負うとしたうえで、その不当性が著しい場合には販売契約およびこれに関連する立替金契約が公序良俗に反し無効となるとし、取引開始時から4カ月目以降の取引は過量販売・過剰与信でこれらの義務に違反し公序良俗違反で無効・不法行為上も違法として、販売業者および信販会社に対し、連帯して約1300万円の支払を命じ、未払立替金約620万円についての信販会社の請求を棄却した。

裁判例9	個別クレジット契約の公序良俗違反無効と消費者に対する不法行為責任

▶大阪地裁平成20年4月23日判決・判時2019号39頁

【事案の概要・判断内容】

　自社の従業員に対しその支給される給与に相当する額を支払わせることとなる商品の販売を継続した呉服販売会社の行為は、著しく社会的相当性を逸脱するもので、販売契約は公序良俗に反し無効かつ不法行為を構成するとし、加盟店たる販売業者が不法行為たる社会的に著しく不相当な商品の販売行為をしていることを知りながら当該商品の購入者と立替払契約を締結した信販会社の行為は、販売会社の不法行為を助長したものとして不法行為を構成し、立替払契約も公序良俗に反し無効である、と判示し、販売業者と信販会社に対し、連帯して既払金相当額約250万円の損害賠償を命じた。

212

裁判例10 未成年者による親名義のクレジットカード利用とカード会員の免責

▶長崎地裁佐世保支部平成20年4月24日判決・金判1300号71頁

【事案の概要・判断内容】

　未成年者が親のクレジットカードを無断で使用したケースについて、カードの利用方法には第三者による不正使用に対する安全性確保についての致命的な欠陥が存在し、本人確認情報の入力等その欠陥に対するシステム的な対応がなされておらず、そのことについての約款上の明示および契約締結時のカード契約者への説明が全くなされていなかったとして、カード会員には第三者（子）の不正使用について重過失はない、としてカード会社の請求を棄却した。

裁判例11 加盟店が消費者に対して名義貸しによる個別クレジット契約を締結させた場合における個別クレジット契約の不実告知による取消し

▶最高裁平成29年2月21日判決・民集71巻2号99頁

【事案の概要・判断内容】

　改正割賦販売法35条の3の13第1項6号は、個別クレジット業者が加盟店に立替払契約の勧誘や申込書面の取次ぎ等の媒介行為を行わせるなど、個別クレジット業者と加盟店との間に密接な関係があることに着目し、特に訪問販売においては、加盟店の不当な勧誘行為により購入者の契約締結に向けた意思表示に瑕疵が生じやすいことから、購入者保護を徹底させる趣旨で、訪問販売によって売買契約が締結された個別クレジット契約については、消費者契約法4条および5条の特則として、加盟店が立替払契約の締結について勧誘をするに際し、契約締結の動機に関するものを含め、個別クレジット契約または売買契約に関する事項であって購入者の判断に影響を及ぼすこととなる重要なものについて不実告知をした場合には、個別クレジット業者がこれを認識していたか否か、認識できたか否かを問わず、購入者は、個別クレジット業者との間の立替払契約の申込みの意思表示を取り消すことができることを新たに認めたものと解される。

第11章　裁判例

　個別クレジット契約が購入者の承諾の下で名義貸しという不正な方法によって締結されたものであったとしても、それが加盟店の依頼に基づくものであり、その依頼の際、契約締結を必要とする事情、契約締結により購入者が実質的に負うこととなるリスクの有無、契約締結により個別クレジット業者に実質的な損害が生ずる可能性の有無など、契約締結の動機に関する重要な事項について加盟店による不実告知があった場合には、これによって購入者に誤認が生じ、その結果、立替払契約が締結される可能性もあるといえ、このような経過で個別クレジット契約が締結されたときは、購入者は加盟店に利用されたとも評価し得るのであり、購入者として保護に値しないということはできないから、割賦販売法35条の3の13第1項6号に掲げる事項につき不実告知があったとして個別クレジット契約の申込みの意思表示を取り消すことを認めても、同号の趣旨に反するものとはいえない。

　本件加盟店は、契約の締結について勧誘をするに際し、契約に係る消費者に対し、ローンを組めない高齢者等の人助けのための契約締結であり、上記高齢者等との売買契約や商品の引渡しは実在することを告げたうえで、「支払については責任をもってうちが支払うから、絶対に迷惑は掛けない」などと告げており、その内容は、名義貸しを必要とする高齢者等がいること、上記高齢者等を購入者とする売買契約および商品の引渡しがあること並びに上記高齢者等による支払いがされない事態が生じた場合であっても加盟店において確実に契約に係る消費者のクレジット会社に対する支払金相当額を支払う意思および能力があることといった、契約締結を必要とする事情、契約締結により購入者が実質的に負うこととなるリスクの有無および個別クレジット業者に実質的な損害が生ずる可能性の有無に関するものということができるので、上記告知の内容は、契約締結の動機に関する重要な事項にあたる。

214

裁判例12	クレジットカード利用者が契約した原因取引上の加盟店の特定がなく、決済代行業者のみを特定してなされた場合におけるカード会社の利用料金請求

▶東京地裁平成25年5月29日判決・ニュース98号279頁

【事案の概要・判断内容】

　原告たるクレジットカード会社が、カード会員（被告）がアメリカにサーバのあるサイトを利用した代金（サイト利用代金）を請求しているとしたうえで、加盟店からこれを譲り受けて上記代金を取得した旨主張しているのに対して、当該譲受けの前提として、サイト利用代金を取得した加盟店を特定していないとして、債権発生のための請求原因事実の主張として不十分であり主張自体失当になるとし、クレジットカード会社の請求を棄却した。なお、クレジットカード会社は、いわゆる決済代行業者を加盟店として主張しているとしても、決済代行業者がサイトを運営している加盟店でないことは明らかであり、決済代行業者を特定しても債権発生のための請求原因事実の主張として不十分であるとした。

裁判例13	未成年者による親名義のクレジットカードの無断使用と権利濫用

▶京都地裁平成25年5月23日判決・判時2199号52頁

【事案の概要・判断内容】

　16歳の少年が父親のクレジットカードを盗んで、複数のキャバクラ等で飲酒遊興した代金を当該カードで決済した事案において、①未成年であることを秘匿して飲食遊興しただけでは「詐術」にはあたらないとし、また特に悪質な営業店の契約については公序良俗違反であるとした。②カード会社からの請求については、カード会社とカード加入者との間の盗難条項（カードの不正使用が家族の場合に加入契約者の免責を不可とするルール）の適用との関連において、加盟店の悪性の程度、信販会社の本人確認の杜撰さ（当該未成年者に本人確認の電話をした際、銀行名を答えられなかったにもかかわらずカード名義人の使用と認めたという事実があった）等の事情を考慮して、支払請求の一部

215

第11章　裁判例

が権利の濫用にあたるとした。

裁判例14　割賦販売代金の債権譲渡の効力と名義貸しに加担した顧客の責任

▶東京高裁令和元年11月14日判決・判時2473号59頁

【事案の概要・判断内容】

　顧客と販売店との間で締結された割賦販売契約に付されていた債権譲渡の承諾条項は、民法468条1項の異議をとどめない承諾としての効力を有しないとしたうえで、いわゆる名義貸しに加担した顧客（控訴人）が、割賦代金債権を販売店から譲り受けた被控訴人に対して、販売店に対する抗弁を主張して残代金全額の支払いを免れるというのは信義則に反するとして、控訴人に対し、5割の限度で割賦代金の支払を命じた。

------------------------------- デビットカード -------------------------------

裁判例15　海外ATMで暗証番号を用いて偽造デビットカードが利用された場合の預貯金者保護法の適用

▶東京地裁平成29年11月29日判決・金法2094号78頁

【事案の概要・判断内容】

　デビットカードを海外で使用したところ、何者かにより同カードの情報および暗証番号を不正使用され海外ATMから現地通貨が引き出されたことについて預貯金者保護法の適用または類推適用を求めた事案において、デビットカードを利用して海外ATMから現地通貨を引き出す場合の現地通貨は預金の「払戻し」ではないことなどから同法4条1項は適用できず、また、デビット取引は対面取引の際にカードリーダー等の端末を利用して行うことも前提とされていること、デビットカード不正利用による被害は高額になり得ることなど、デビット取引とキャッシュカードによる預貯金払戻しには重要な相違点があるから同項の類推適用も認められないとした。

------------------------------ 電子マネー ------------------------------

| 裁判例16 | クレジットの不正利用で購入したギフト券を登録した行為がサイト利用規約・ギフト券細則違反にあたるとしてアカウント停止されたことによりギフト券を利用できなくなった顧客の不法行為に基づく損害賠償請求を否定した事例 |

▶東京地裁令和2年11月5日判決・2020WLJPCA11058002

【事案の概要・判断内容】

　Yのサイト利用規約では、Yが、その裁量の下で顧客のアカウントの停止を行う権利を留保するとされており、また、Yのギフト券細則では、①ギフト券を再販売その他対価をもって譲渡することはできず、②ギフト券が不正行為により取得された場合にYは関連する顧客のアカウントを閉鎖することができるとされているところ、①は、ギフト券の有償譲渡取引を許せば、犯罪等によりギフト券を不正取得した者に換金の手段を付与することになり、直接または間接に犯罪行為を助長することになることから、これを防止する趣旨の規定であり、②は、①と同様、ギフト券の不正行為による取得そのものを防止するとともに、ギフト券の真実の権利者の利益が不当に害されたり、Yがギフト券の真実の権利者からも権利行使を主張されて二重負担を強いられたりすることを防止する趣旨の規定であるとして、いずれも十分な合理性を有するとした。その上で、Xが正規販売店以外からギフト券を購入した行為は、ギフト券の中にクレジットカードの不正利用によって取得されたものが含まれているか否かにかかわらず、①に違反するものである。また、X自身が不正行為によりギフト券を取得し、あるいは不正行為により取得されたギフト券であることを知りつつこれを取得したものでないとしても、上記①および②の趣旨も踏まえれば、同アカウントは、不正行為により取得されたギフト券に関連する顧客のアカウントと認められ、Yは、同細則に基づき、同アカウントを閉鎖することができるというべきであることから、Yの行為

217

第11章　裁判例

は裁量の範囲内の行為であり、アカウント閉鎖措置は、著しく妥当性を欠く違法なものとはいえず、不法行為を構成するものではないとした。

裁判例17	スマートフォンの紛失により電子マネーが不正利用され利用者が損害を被ったことにつき、電子マネーサービス提供事業者の注意義務違反に基づく損害賠償を認めた事例

▶東京地裁平成29年1月18日判決・判時2356号121頁

【事案の概要・判断内容】

　登録携帯電話による本件サービス利用に係る安全性確保の方法には全く問題がないとまではいえないこと、本件サービスの技術的専門性も考慮すると、本件サービス提供事業者は登録携帯電話の紛失等が生じた場合、当該サービスの不正利用防止のため、登録会員がとるべき措置について適切に約款等で規定し、これを周知する注意義務があるところ、本件では、当時、オートチャージの利用を設定していない登録携帯電話を紛失等した場合の手続を必須とする旨の記載をホームページや会員規約・利用約款にも定めていなかったことなどから、事業者にはオートチャージの利用の設定がされていない登録携帯電話の紛失等について上記注意義務違反を認めるのが相当であるとした。

裁判例18	ギフト券のアカウント停止による不当利得返還義務を否定した事例

▶東京地裁平成30年3月9日判決・判タ1466号198頁

【事案の概要・判断内容】

　第三者から購入したギフト券をアカウント登録した行為のサイト利用規約違反を理由にアカウント停止措置を取られた甲は、ECサイト運営業者に対し、残高相当額の不当利得返還請求を求めたが、ギフト券細則上、ギフト券登録者をその権利者として確定させるという条項は見当たらず、かえってギフト券番号が盗取された場合をYの免責の問題として位置づけており、不正入手されたギフト券の使用を拒絶することが可能とされていること、いったんギフト券を登録してもこれを解除する操作がシステム上可能であることから、ギフト券がアカウントに登録されたことをもって実体法上の権利または

218

法的利益がXに付与されると認めることは困難であること、甲が民法703条の損失を受けたと認められるためには、当該権利を承継したことが認められる必要があるが、本件では承継は認められないとして、乙の停止措置により甲の損失および乙の利得が生じたとの主張を排斥した。

裁判例19 サクラサイト被害に係る電子マネー発行者の責任

▶東京高裁平成28年２月４日判決・ニュース113号284頁

【事案の概要・判断内容】

　Ｙが発行する電子マネーを利用してサクラサイト被害に遭ったＸは、Ｙの加盟店調査・管理義務違反があるとして、Ｙに対し債務不履行・不法行為に基づく損害賠償を求めた。

　裁判所は、①Ｙが、資金決済法の規定を前提とする金融ガイドラインに示されている確認や対応を怠ったため電子マネー利用者に損害が生じた場合は、電子マネーに関する契約上またはこれに付随する信義則上の義務に違反するものとして、債務不履行または不法行為による損害賠償責任を負うが、本件では同義務違反はない。②前払式支払手段発行者は決済の代行をしているにとどまることから、利用者が加盟店から商品を購入することなどについて、発行者の関与は密接とはいえないこと、代金決済の代行も支払手段を提供しているだけであること、利用者は代金支払手段の一つとして電子マネーを選択し利用しているにすぎないこと、加盟店が膨大であることなどから電子マネー発行者が多種多様な商品等を事前にチェックすることは事実上不可能であることなどからすると、電子マネー発行者が加盟店の業務内容について直接的な調査・確認をとる義務を負い、また契約締結後も同様の義務を負うとすることはできない。③信販会社と加盟店との関係と異なり、電子マネー発行者と加盟店との関係は密接とはいえないこと、立替払契約により信販会社は信用供与の対価を受け取るのと異なり、電子マネー発行者が得る利益は電子マネーによる決済システムの利用料の対価であり事務手数料にすぎないことなど、電子マネー発行者と加盟店との関係は、信販会社と加盟店との関

219

第11章　裁判例

係とは異なるから、電子マネー発行者が信販会社と同様の義務を負うとすることはできない。④電子マネー発行者が加盟店の販売している商品等が公序良俗に反することについて故意または過失がある場合は、加盟店に対する確認や対応を怠ったとして損害賠償責任を負う余地はある。本件では、消費生活センターから連絡を受けるもその額は小さく、件数もわずかであったことや当事者間で解決していたことから、サイト自体に問題があったと認識することができたとまではいえない。また、その後、さらに消費生活センターから連絡を受け、調査の結果、加盟店契約を解消したが、本件の事情からするとこの点に遅滞は認められないことなどからすると、YがZとの加盟店契約解消前にZがサクラサイトを運営していたと認識し、または認識し得たとも認められないとして、Yの責任を否定した。

-------------------------------- 暗号資産 --------------------------------

| 裁判例20 | 暗号資産交換所に対する不正アクセスによる取引停止条項と消費者契約法の適用 |

▶東京地裁平成31年2月4日判決・金法2128号88頁

【事案の概要・判断内容】

　暗号資産交換業者が、ハッキングその他の方法によりその資産が盗難された場合に顧客へ事前に通知することなく暗号資産交換サービスの全部または一部の提供を停止または中断でき、これにより生じた顧客の損害について責任を負わない旨のサービス利用契約の条項について、消費者契約法8条1項1号、8条の2および10条にそれぞれ違反せず有効であるとした。

| 裁判例21 | 暗号資産交換業者に対するハッキングによる交換所取引の一時停止措置による顧客の損害賠償請求(1) |

▶東京地裁令和3年6月25日判決・金判1625号23頁

【事案の概要・判断内容】

　暗号資産交換業者がハッキング被害を受け、暗号資産が流出したことによ

り、当該業者が運営する暗号資産交換所において、流出した暗号資産（本件暗号資産）を含むすべての暗号資産の取引が一時中止されたことについて、①本件暗号資産を保有する顧客については顧客の要求により暗号資産交換業者が本件暗号資産を売却する義務の履行不能による本件暗号資産の価格相当額の損害賠償責任を、②本件暗号資産以外の暗号資産を保有する顧客については履行遅滞による取引停止の当時と取引再開当時との暗号資産の差額の損害賠償責任をそれぞれ主張した事案において、①の履行不能および②の履行遅滞のいずれも認められないとして、顧客である原告らの請求が棄却された。

裁判例22　暗号資産交換業者に対するハッキングによる交換所取引の一時停止措置による顧客の損害賠償請求(2)

▶東京地裁令和3年8月24日判決・LEX／DB25601386

【事案の概要・判断内容】

　暗号資産交換業者がハッキング被害を受け、暗号資産が流出したことにより、当該業者が運営する暗号資産交換所において、流出した暗号資産（本件暗号資産）を含むすべての暗号資産の取引が一時中止されたことについて、①本件暗号資産を保有する顧客については顧客から預かった本件暗号資産を適切に管理する義務違反および顧客の請求で本件暗号資産の送信等をする債務の履行不能を、②本件暗号資産以外の暗号資産を保有する顧客については顧客の請求で各暗号資産を送信等をする債務の履行遅滞をそれぞれ内容とする債務不履行責任を主張した事案において、①②いずれの債務不履行も認められないとして、顧客である原告らの請求が棄却された。

裁判例23　暗号資産交換業者に対するハッキングにより流出した暗号資産を保有していた顧客が、交換業者に対し、流出当時預けていた保有数と同じ数量の同じ暗号資産を指定アドレスへ送信する旨の請求の可否

▶東京地裁令和4年4月27日判決・LEX／DB25605502

【事案の概要・判断内容】

　暗号資産交換業者がハッキング被害を受けて暗号資産が流出したことによ

221

第11章 裁判例

り、顧客から預かっていた暗号資産が流失したという事案において、暗号資産交換業者は、暗号資産流出に伴うサービス提供を停止している場合であっても、利用規約の条項に基づき顧客からの送信指示に応じる義務があるとして、ハッキング被害を受けた当時に顧客が保有していた暗号資産と同数の同じ暗号資産を顧客が指定する場所へ送信する義務を負うとして、情報送信を命じた。

【資料1】 経済産業省商務・サービスグループ商取引監督課「割賦販売法(後払信用)の概要」

【資料1】 経済産業省商務・サービスグループ商取引監督課「割賦販売法（後払信用）の概要」(2021年6月)（一部抜粋）

・規制対象となる取引形態

（1）割賦販売（指定商品、指定役務、指定権利）

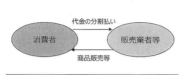

（2）ローン提携販売（指定商品、指定役務、指定権利）

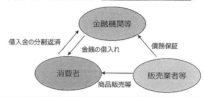

（3）信用購入あっせん（クレジット）　（権利のみ指定あり）

・包括信用購入あっせんの仕組み

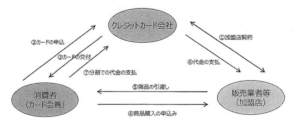

①クレジットカード会社と販売業者（加盟店）との間で、クレジットカードの利用に関する契約を締結（加盟店契約）

②③消費者からのカード発行の申込を受け、クレジットカードを交付（クレジットカード契約）

④⑤消費者が加盟店で利用したクレジットカードを提示して商品を購入

⑥クレジットカード会社が加盟店に商品代金の立替え払い

⑦消費者がクレジットカード会社に分割等で商品代金の支払い

【資料1】 経済産業省商務・サービスグループ商取引監督課「割賦販売法（後払信用）の概要」

・クレジットカード取引に係わる主体の多様化①

- 割賦販売法は、従来、**カード発行業者自身が加盟店と契約する取引（オンアス取引）**が前提。
- 近年、国際ブランドを通じ、**カード発行業者と加盟店契約業者が異なる取引（オフアス取引）においてカードを利用**できる環境が一般化してきたことから、オフアス取引も念頭に置いた規定に改正。
- さらに、いわゆる**決済代行業者が加盟店契約業者と加盟店の間に入る**契約も増加。

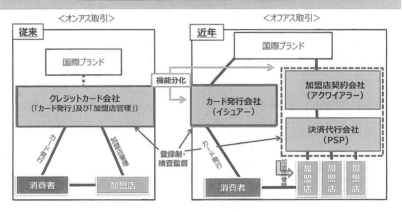

・クレジットカード取引に関わる主体の多様化②

- インターネットの飛躍的発展により、消費者が海外ネット加盟店との取引をクレジットカードで支払うことが容易になるとともに、**国内加盟店であっても、海外決済代行業者や海外アクワイアラーと契約**することによって、消費者にカード利用できる環境を提供している例も生じている。

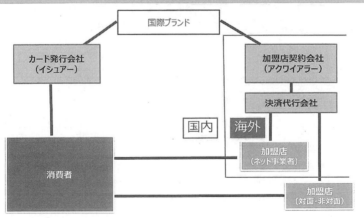

224

【資料１】 経済産業省商務・サービスグループ商取引監督課「割賦販売法(後払信用)の概要」

・個別購入あっせんの仕組み

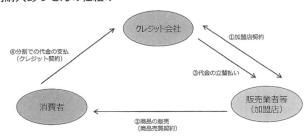

- 消費者が販売店で商品を購入するごとに、クレジット会社とクレジット契約を締結。クレジット会社は加盟店に商品代金の立替払いを行い、消費者はクレジット会社に商品代金を分割等で支払う取引形態。
- 例：オートローン、リフォームローン、家電製品のクレジット等

・個別信用購入あっせんの仕組み（金銭消費貸借契約）

《個別信用購入あっせんの定義》
　　①特定の販売業者等からの
　　②商品等の購入等を条件として、
　　③代金等に相当する額を当該販売業者等に交付し（※）
　　④当該額を消費者から受領する
　　　（※）直接販売業者等に交付する場合のみならず、販売業者等以外の者を通じて販売業者等に交付する場合も含まれる

《留意点》
　　契約形態は問わず、取引構成が上記の定義に該当する場合には、「個別信用購入あっせん」に該当する。

金銭消費貸借契約と売買契約等との間に**密接な牽連性**が認められる場合には、金銭消費貸借の形式をとっていたとしてもそれに基づく融資事業が個別信用購入あっせんに該当し、割賦販売法の適用を受けることとなる。

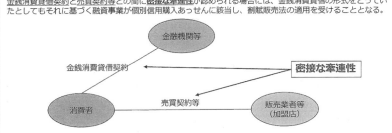

密接な牽連性の有無については、貸付契約と販売契約との手続的一体性・内容的一体性や、金融機関と販売業者等との一体性（加盟店契約・人的関係・資本関係等）等の要素を考慮し、総合的に判断される。

225

【資料1】 経済産業省商務・サービスグループ商取引監督課「割賦販売法（後払信用）の概要」

・民事ルール①個別クレジット契約のクーリング・オフ

清算ルールの仕組み

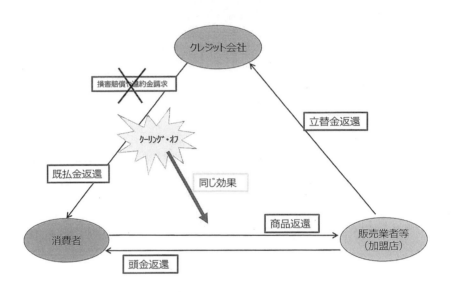

・民事ルール②既払金の返還（過量販売）【個別】

● 訪問販売及び電話勧誘販売による**通常必要とされる分量を著しく超える商品の売買契約等（過量販売）**に対する個別クレジット契約は、**1年以内であれば解除可能とし、既払金返還を認める。**

売買契約に先立ち、又は同時に個別クレジット契約が解除された場合、原則として、三者間（消費者、販売業者、個別信用購入あっせん業者）で、一括清算できるルールが適用される。

<清算ルール>
- クレジット契約に関する損害賠償が制限される。
- 個別信用購入あっせん業者は、立替金相当額を消費者に請求できない。
- 販売業者は、立替金を個別信用購入あっせん業者に返還しなければならない。
- 個別信用購入あっせん業者は、消費者から受け取った既払金を消費者に返還しなければならない。

【資料1】 経済産業省商務・サービスグループ商取引監督課「割賦販売法（後払信用）の概要」

・民事ルール③既払金の返還（不実告知など）

- 特商法5類型取引を行う販売業者が**虚偽の説明をした場合**、個別クレジット契約もあわせて取り消すことを可能とし、**既払金返還を認める。**

販売業者が勧誘を行うにあたり、クレジット契約や販売行為の内容に不実の告知などがあった場合

消費者は、販売契約とともに、個別クレジット契約を取り消すことができる。

＜清算ルール＞
- 個別信用購入あっせん業者は、立替金相当額を消費者に請求できない。
- 個別信用購入あっせん業者が販売業者に支払った立替金は、販売業者が個別信用購入あっせん業者に対して返還義務を負う。
- 購入者が個別信用購入あっせん業者に支払った既払金については、個別信用購入あっせん業者に返還を請求できる。

・民事ルール④支払停止の抗弁【包括／個別】

- 販売業者等との間で商品の引渡しがない等トラブルが生じた場合、購入者等は、販売業者との間に生じている事由をもって、クレジット業者からの支払請求を拒否することができる。

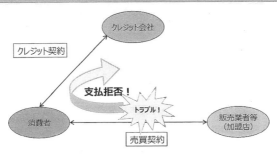

販売店の責任で消費者トラブルが生じた場合、クレジット業者に責任がなくても、クレジットの支払を拒否できる消費者の権利

227

【資料2】 事務ガイドライン

【資料2】事務ガイドライン（前払式支払手段発行者関係）（一部抜粋）

Ⅰ 総則

Ⅰ−1 前払式支払手段の範囲等

　　資金決済に関する法律（平成21年法律第59号。以下「法」という。）に規定する前払式支払手段の範囲等について照会等があった場合には、以下のとおり判断するものとする。

Ⅰ−1−1 前払式支払手段に該当しない証票等又は番号、記号その他の符号

(1) 次に掲げる証票等又は番号、記号その他の符号については、法第3条第1項に規定する前払式支払手段に該当しない。

① 「日銀券」、「収入印紙」、「郵便切手」、「証紙」等法律によってそれ自体が価値物としての効力を与えられているもの

② 「ゴルフ会員権証」、「テニス会員権証」等各種会員権（証拠証券としての性格を有するものに限る。）

③ 「トレーディング・スタンプ」等商行為として購入する者への販売であり、当該業者が消費者への転売を予定していないもの

④ 磁気カード又はICカード等を利用したPOS型カード

⑤ 本人であることを確認する手段等で証票等又は番号、記号その他の符号自体には価値が存在せず、かつ、証票、電子機器その他のものに記録された財産的価値との結びつきがないもの

（注）「本人であることを確認する手段等で証票等又は番号、記号その他の符号自体には価値が存在せず、かつ、証票、電子機器その他のものに記録された財産的価値との結びつきがないもの」とは、以下のイ及びロの要件のいずれも満たすものをいう。

イ．記名や暗証番号等により使用者が権利者本人に限定されること

ロ．その証票等又は番号、記号その他の符号を使用しなくても、なんらかの方法で利用者が権利者本人であることを発行者が確認すれば、物品等の購入・サービス等が提供されるものであって、以下のⅰからⅲの要件を全て満たすものであること

ⅰ）当該証票等又は番号、記号その他の符号に頼らず、帳簿等その他の手段によって権利金額や回収の金額が管理されること

ⅱ）当該証票等又は番号、記号その他の符号を使用しなくても、なんらかの方法で利用者が権利者本人であることを発行者が確認すれば、物品等の購入・サービス等が提供される仕組みとなっており、利用者一般において実

【資料２】 事務ガイドライン

際そのように運用されること

　　　iii）当該証票等又は番号、記号その他の符号が「証票等又は番号、記号その他の符号の提示等により権利行使ができる」など、利用者が「前払式支払手段」と判断するような表示又は説明が行われないこと。

　⑥　証票等又は番号、記号その他の符号のうち、証票等に記載若しくは記録され又はサーバに記録された財産的価値が証票等又は番号、記号その他の符号の使用に応じて減少するものではないもの。

(2)　証票等又は番号、記号その他の符号のうち、法第20条第１項又は第５項に規定する場合を超えて払戻し（換金や現金の引き出し）を自由に認めているものについては、前払式支払手段と性格を異にするため、このような証票等又は番号、記号その他の符号を発行する者が前払式支払手段発行者として届出や登録を行うことはできないことに留意する必要がある。

　　（注）証票等又は番号、記号その他の符号を使用することにより、払戻し（換金や現金の引き出し）が可能な資金移動業に係る電子マネー又は電子決済手段等を購入又は交換できる場合も、払戻しを自由に認めることとなるため、このような証票等又は番号、記号その他の符号を発行する者が前払式支払手段発行者として届出や登録を行うことはできないことに留意する。

Ｉ－１－２　発行者との密接な関係について

　資金決済に関する法律施行令（平成22年政令第19号。以下「令」という。）第３条第１項第５号に規定する「発行者が行う物品等の給付又は役務の提供と密接不可分な物品等の給付又は役務の提供を同時に又は連続して行う者がある場合」とは、当該者が行う物品等の給付又は役務の提供が発行者が物品等の給付又は役務の提供を行う際に必要不可欠な場合であって社会通念上両者が一体と考えられるものをいい、単なる業務提携は含まれない。

Ｉ－１－３　法の適用を除外される前払式支払手段等

　法第４条の規定による適用除外の取扱いについては、次のとおりとする。

(1)　法第４条第２号に規定する「発行の日」とは、次に掲げる日のいずれか遅い日をいう。

　①　財産的価値が証票、電子機器その他の物に記載又は記録された日

　②　利用者に対し証票等、番号、記号その他の符号を交付又は付与された日

(2)　令第４条第１項第３号の規定については、次のとおりとする。

　①　「利用に際し発行される」とは、利用の都度その利用の時期に近接して、利用に必要な分だけ発行、購入され、基本的に残高が残らない場合をいう。

229

【資料2】 事務ガイドライン

② 「利用者が通常使用することとされている」とは、原則としてその証票等以外のものでは役務及び物品等の提供を受けられない場合をいう。

(3) 令第4条第1項第4号により、サーバ型前払式支払手段のうち、同項第1号から第3号までに掲げる証票等のいずれかと同じ機能を有することが確認できるものについては、法の適用対象とはならない。

ただし、商品の給付や役務の提供が専らインターネットを通じて行われる場合には、例えばインターネット上の仮想空間へのアクセス過程を「入場券」と称するものや、仮想空間において提供する役務の内容を捉えて「乗車券」や「食券」と称するものについては、同号括弧書に該当するため、法の適用対象となる。

(注) 本ガイドラインでいう「サーバ型前払式支払手段」とは、法第3条第1項第1号又は第2号に規定する前払式支払手段のうち、当該前払式支払手段に係る金額情報が、前払式支払手段発行者の管理するセンターサーバに記録され、利用者に対して交付されるIDやIDと一体となって交付される書面、カード等には、価値情報が記録されていないものをいう。

(4) 令第4条第4項第4号に規定する「一定の職域内」とは、次のものをいう。

① 職場の協同意識に基づく労働者の結合体で、同一の職場をその職域とするもの

② 同一職場ではないが、同一職種でかつ同一系統の結合体であるもの

③ 同一職種でかつ同一系統でない職場の結合体であるもの

(5) 令第4条第4項第4号に規定する「福利厚生施設」とは、従業員のための施設であって、社会通念上、福利厚生施設として認められるものをいい、具体的には、売店、食堂、診療所、理髪店、体育館、保養所等をいう。

(6) 令第4条第5項第1号に規定する前払式支払手段とは、友の会が発行するお買い物券等をいう。

(7) 令第4条第5項第2号に規定する前払式支払手段には、その発行自体は旅行業務として行われず、当該前払式支払手段を使用する段階で初めてその所有者が旅行業務に関する取引をすることとなるもの（いわゆる旅行ギフト券）は、該当しない。

Ⅰ-1-4　電子決済手段に該当する前払式支払手段について

利用者保護及び業務の健全かつ適切な運営を確保する観点から、前払式支払手段発行者は、内閣府令第23条の3第3号により、電子決済手段（法第2条第5項に規定する電子決済手段をいう。）に該当する前払式支払手段を発行してはなら

230

【資料2】 事務ガイドライン

ないとされていることに留意する。

　この点、電子決済手段等取引業者に関する内閣府令第2条第2項を踏まえて、発行者がブロックチェーン等の基盤を利用して不特定の者に対して流通可能な仕様で発行し、発行者や加盟店以外の不特定の者に対する送金・決済手段として利用できる前払式支払手段など、移転を完了するためにその都度、発行者の承諾その他の関与を要しない前払式支払手段については、内閣府令第1条第3項第4号に規定する残高譲渡型前払式支払手段、同項第5号に規定する番号通知型前払式支払手段その他その移転を完了するためにその都度当該前払式支払手段を発行する者の承諾その他の関与を要するものには該当せず、電子決済手段に該当することに留意する必要がある。

　　(注) 上記に関して、電子決済手段等取引業者に関する内閣府令第2条第2項は同内閣府令の施行の日から2年間適用しないとされていることに留意する。

I－2　基準日未使用残高の算出方法

　法第14条第2項、第15条若しくは第16条第1項の規定による届出等又は法第23条による報告書の提出があった場合には、基準日未使用残高の額について以下のとおり取り扱うものとする。

I－2－1　基準日未使用残高の算出方法

(1)　前払式支払手段に関する内閣府令（平成22年内閣府令第3号。以下「内閣府令」という。）第4条の規定により基準日（法第3条第2項に規定する基準日をいう。以下同じ。）における基準日未使用残高の額を算出する場合、当該基準日の直前の基準日における基準日未使用残高（法第3条第1項第2号の前払式支払手段にあっては、その計算の基礎となった物品等又は役務の数量を、当該基準日において金銭に換算した金額）に、基準期間発行額（当該基準日を含む基準期間において発行した前払式支払手段の発行額として当該基準日において内閣府令第48条第1項の規定により算出した額をいう。）から、基準期間回収額（当該基準日を含む基準期間における前払式支払手段の回収額として、当該基準日において同条第2項の規定により算出した額をいう。）を控除した額を加えた額で計算することができるものとする。（注）

　　(注) 法第29条の2第1項の規定の適用を受けている場合で、同項の届出書を提出した日の属する基準期間が特例基準日の翌日から次の通常基準日までの期間であるときは、「直前の基準日」は、当該特例基準日の直前の通常基準日とし、「当該基準日を含む基準期間」は、当該次の通常基準日を含む基準期間

231

【資料2】 事務ガイドライン

及び当該基準期間の直前の基準期間とする。

(2) 上記(1)の基準日未使用残高には、財務諸表に税法による収益（いわゆる退蔵益）として計上された前払式支払手段の発行残高も含むものとする。

(3) 前払式支払手段に該当する証票等又は番号、記号その他の符号を一部無償で発行した場合には、以下の要件をすべて満たした場合に限り、当該無償発行分については前払式支払手段の発行額、回収額及び未使用残高に計上しないこととすることができる。

① 情報の提供内容やデザインによって、対価を得て発行されたものと無償で発行されたものを明確に区別することが可能であること

② 帳簿書類上も、発行額、回収額、未使用残高について、対価を得て発行されたものと無償で発行されたものが区分して管理されていること

Ⅰ-2-2　基準日未使用残高の算出方法の特例

クレジット与信業者と前払式支払手段の発行者が同一である場合で、クレジットで購入された前払式支払手段の代金が未収となっており、その額が把握できる場合には、当該未収部分の額を基準日未使用残高の額から控除することができるものとする。

Ⅱ　前払式支払手段発行者の監督上の評価項目

Ⅱ-1　法令等遵守（略）

Ⅱ-2　利用者保護のための情報提供・相談機能等

Ⅱ-2-1　情報の提供義務（略）

Ⅱ-2-2　帳簿書類（略）

Ⅱ-2-3　利用者に関する情報管理態勢（略）

Ⅱ-2-4　苦情処理態勢

苦情処理態勢に関する前払式支払手段発行者の監督に当たっては、例えば、以下の点に留意するものとする。

Ⅱ-2-4-1　主な着眼点

① 苦情等に対する業者の取組み

経営陣は、利用者からの苦情等によって、自社の信用失墜等の不利益を被るおそれがあることを認識し、適切な方策を講じているか。

② 苦情等処理体制の整備

苦情等に対し迅速かつ適切な処理・対応ができるよう、苦情等に係る担当部署や処理手続が定められているか。苦情等の内容が経営に重大な影響を与え得る事案であれば内部監査部門や経営陣に報告するなど、事案に応じ必要

【資料2】 事務ガイドライン

な関係者間で情報共有が図られる体制となっているか。

③ 加盟店における前払式支払手段の使用に係る苦情等について、利用者等から前払式支払手段発行者への直接の連絡体制を設けるなど適切な苦情相談態勢が整備されているか。

④ 利用者に対する説明の履行

申出のあった内容に関し、利用者に対し十分に説明し、利用者の理解と納得を得て、解決するなど真摯な対応を行うための態勢を整備しているか。また、苦情等の対応状況について、適切にフォローアップが行われているか。

⑤ フィードバック

苦情等の内容及び対処結果について、適切かつ正確に記録・保存しているか。また、これらの苦情等の内容及び対処結果について、分析し、その分析結果を継続的にリスクの早期検知、利用者対応・事務処理についての態勢の改善や苦情等の再発防止策・未然防止策に活用する態勢を整備しているか。

⑥ 認定資金決済業者協会の会員である前払式支払手段発行者については、当該協会における解決に積極的に協力するなど迅速な紛争解決に努めることとしているか。

Ⅱ－2－4－2　監督手法・対応

検査の指摘事項に対するフォローアップや、不祥事件届出等の日常の監督事務を通じて把握された苦情処理態勢に関する課題等については、上記の着眼点に基づき、原因及び改善策等について、深度あるヒアリングを実施し、必要に応じて法第24条に基づき報告書を徴収することにより、前払式支払手段発行者における自主的な業務改善状況を把握することとする。

さらに、前払式支払手段の利用者の利益の保護の観点を含む前払式支払手段の発行の業務の健全かつ適切な運営の確保の観点から重大な問題があると認められるときには、前払式支払手段発行者に対して、法第25条に基づく業務改善命令を発出することとする。また、重大、悪質な法令違反行為が認められるときには、法第26条又は第27条に基づく業務停止命令等の発出を検討するものとする（行政処分を行う際に留意する事項はⅢ－3による。）。

Ⅱ－2－5　サーバ型前払式支払手段を悪用した架空請求等詐欺被害への対応

前払式支払手段には、販売店において匿名で誰でも簡単に購入して利用でき、他人に譲渡することもできるものがあり、特にサーバ型前払式支払手段については、証票等を提示又は交付しなくても、IDをインターネット上で入力して利用できるといった特性を有しているものもあり、インターネット取引の拡大に伴って

233

【資料２】 事務ガイドライン

決済手段として広く普及してきている。

このように利用者にとって利便性が高い決済手段として普及する一方で、その特性を悪用して、架空請求等でサーバ型前払式支払手段を購入させて ID を詐取するなどといった詐欺被害が発生している。

これらを踏まえ、架空請求等詐欺被害の発生が認められているサーバ型前払式支払手段発行者においては、被害発生状況のモニタリングや分析を通じて被害の防止及び被害回復に向けた取組みが求められている。

架空請求等詐欺被害への対応に関する監督に当たっては、例えば、以下の点に留意するものとする。

なお、字義どおりの対応がなされていない場合であっても、当該サーバ型前払式支払手段発行者の規模や特性、被害発生状況などからみて、被害の防止等の観点から、特段の問題がないと認められれば、不適切とするものではない。

Ⅱ－２－５－１　主な着眼点（略）

Ⅱ－２－５－２　監督手法・対応

検査の指摘事項に対するフォローアップや、不祥事件届出等の日常の監督事務を通じて把握された架空請求等詐欺被害への対応に関する課題等については、上記の着眼点に基づき、原因及び改善策等について、深度あるヒアリングを実施し、必要に応じて法第24条に基づき報告書を徴収することにより、サーバ型前払式支払手段発行者における自主的な業務改善状況を把握することとする。

さらに、架空請求等詐欺被害の防止及び被害回復の観点から重大な問題があると認められるときには、サーバ型前払式支払手段発行者に対して、法第25条に基づく業務改善命令を発出することとする。また、重大、悪質な法令違反行為が認められるときには、第27条に基づく業務停止命令等の発出を検討するものとする（行政処分を行う際に留意する事項はⅢ－３による。）

Ⅱ－２－６　不適切利用防止措置（略）

Ⅱ－２－７　障害者への対応（略）

Ⅱ－２－８　口座振替サービス等の他の事業者の提供するサービスとの連携（略）

Ⅱ－２－９　不正取引に対する補償（略）

Ⅱ－３　事務運営（略）

Ⅱ－３－１　システム管理（略）

Ⅱ－３－２　事務リスク管理（略）

Ⅱ－３－３　外部委託（略）

Ⅱ－３－４　前払式支払手段の払戻し

【資料２】 事務ガイドライン

　前払式支払手段の払戻しに関する前払式支払手段発行者の監督に当たっては、例えば、以下の点に留意するものとする。

Ⅱ－３－４－１　主な着眼点

①法第20条第１項に基づく払戻しについて

　イ．法第20条第２項各号に規定する項目について、全ての営業所又は事務所及び加盟店において適切に掲示が行われるよう、例えば、加盟店へ掲示内容や掲示期間の周知を行うとともに掲示状況の確認を行うなど、適切な措置を講じているか。日刊新聞紙による公告については、払戻しの手続の対象となる前払式支払手段を使用することができる施設の所在する都道府県を全て網羅する形で行われているか。

　　なお、内閣府令第41条第４項に規定する場合においては、前払式支払手段発行者は、営業所又は事務所及び加盟店における掲示に代えて、内閣府令第21条第２項各号の方法のうち、少なくとも法第13条第１項に規定する情報の提供義務を履行するために通常使用している方法により、所要の事項について情報の提供を行う必要がある。

　ロ．前払式支払手段発行者は、払戻しを行うに当たり、利用者保護の観点から、以下のような措置を講じることが望ましい。

　　ａ．利用終了の周知

　　　前払式支払手段の利用機会を一定期間確保する観点から、利用終了日を決定した場合には、速やかに自社ホームページや店頭ポスターでの掲示等により利用終了について周知する。

　　ｂ．払戻しに係る申出期間

　　　法令で定める60日間は、最低限の申出期間であり、利用者が払戻しを受ける機会を確保する観点から、十分な申出期間を設定する。

　　ｃ．払戻しの周知方法

　　　法令で求められている方法に加えて、例えば、自社ホームページ、加盟店ホームページ、所属する業界団体等のホームページ、認定資金決済事業者協会ホームページや、独立行政法人国民生活センターホームページにおいても掲示を行う。

　　　なお、払戻しの実効性を確保する観点から、利用終了の周知、払戻しに係る申出期間及び周知方法の設定については、画一的に行わず、払戻しの対象となる前払式支払手段の発行規模（未使用残高、枚数等）や使用態様等の特性を踏まえ、適切な設定となるよう留意する必要がある。

235

【資料2】 事務ガイドライン

　　ハ．払戻しの申出を行った利用者について、もれなく払戻しが行われている
　　か。
　　（注1）「利用終了」とは、前払式支払手段の発行の業務の全部又は一部の
　　廃止（相続又は事業譲渡、合併若しくは会社分割その他の事由により、当
　　該事業の承継が行われた場合を除く）をいう。
　　（注2）公告や営業所または事務所及び加盟店における掲示の実施状況に照
　　らして、前払式支払手段発行者が法第20条第2項に規定する措置を十分に
　　講じたと認められない場合には、同条第1項に規定する払戻しの手続が適
　　切に実施されたとは認められず、当該期間中に現実に払戻しが行われな
　　かった前払式支払手段については、未使用残高から控除することができな
　　いことに留意する必要がある。
　②法第20条第5項に基づく払戻しについて
　　イ．払戻金額の総額が内閣府令第42条において定める額を超える場合には期
　　中であっても払戻しができなくなることを踏まえ、必要に応じて期中に
　　あっても払戻実績を把握することとするなど、法令に定める上限を越えて
　　払戻しが行われることを防止するための態勢を整備しているか。
　　ロ．法第20条第5項及び内閣府令第42条第1項第1号又は第2号に基づき、
　　利用者からの払戻しの請求に応じている場合には、利用者に対して払戻手
　　続について適切に説明を行っているか。例えば、利用者が、「常に払戻しが
　　可能である」と誤認するおそれのある説明を行っていないか。
　　ハ．法第20条第5項及び内閣府令第42条第1項第4号に基づく払戻し承認申
　　請をする際には、当該払戻しをした結果、払戻し対象以外の前払式支払手
　　段の保有者が十分な払戻しを受けられないことを防止する観点から、発行
　　する全ての前払式支払手段の払戻しを確実に行うことが可能な資力を有す
　　ることを貸借対照表等により確認しているか。
　　（注）払戻し承認申請をする場合としては、例えば、サーバ型前払式支払手
　　段がサイバー攻撃を受け、不正利用されるおそれが継続している場合等が
　　考えられる。

Ⅱ－3－4－2　監督手法・対応

　　内閣府令第41条第4項及び第5項による届出書の内容等を確認した結果、法第
20条第1項に基づく払戻しの手続が適正に行われたか否かについて、疑義がある
場合には、法第18条第4号に基づき発行保証金の取戻しの承認を行う前に、必要
に応じて法第24条に基づき報告書を徴収することなどにより、当該払戻しの手続

【資料2】 事務ガイドライン

が適正に行われたことを確認することとする。

　その他、検査の指摘事項に対するフォローアップや、不祥事件届出等の日常の監督事務を通じて把握された前払式支払手段の払戻しに関する課題等については、上記の着眼点に基づき、原因及び改善策等について、深度あるヒアリングを実施し、必要に応じて法第24条に基づき報告書を徴収することにより、前払式支払手段発行者における自主的な業務改善状況を把握することとする。

　さらに、前払式支払手段の利用者の利益の保護の観点を含む前払式支払手段の発行の業務の健全かつ適切な運営の確保の観点から重大な問題があると認められるときには、前払式支払手段発行者に対して、法第25条に基づく業務改善命令を発出することとする。また、重大、悪質な法令違反行為が認められるときには、法第26条又は第27条に基づく業務停止命令等の発出を検討するものとする（行政処分を行う際に留意する事項はⅢ－3による。）

Ⅱ－3－5　加盟店の管理（第三者型発行者のみ）（略）

Ⅱ－3－5－1　主な着眼点（略）

Ⅱ－3－5－2　監督手法・対応

　検査の指摘事項に対するフォローアップや、不祥事件届出等の日常の監督事務を通じて把握された第三者型発行者の加盟店管理に関する課題等については、上記の着眼点に基づき、原因及び改善策等について、深度あるヒアリングを実施し、必要に応じて法第24条に基づき報告書を徴収することにより、第三者型発行者における自主的な業務改善状況を把握することとする。

　さらに、前払式支払手段の利用者及び加盟店の利益の保護の観点を含む前払式支払手段の発行の業務の健全かつ適切な運営の確保の観点から重大な問題があると認められるときには、第三者型発行者に対して、法第25条に基づく業務改善命令を発出することとする。また、重大、悪質な法令違反行為が認められるときには、第27条に基づく業務停止命令等の発出を検討するものとする（行政処分を行う際に留意する事項はⅢ－3による。）

Ⅱ－4　自家型前払式支払手段の発行の業務の承継に係る特例（略）

Ⅱ－5　高額電子移転可能型前払式支払手段の発行の業務に係る監督上の評価項目（略）

Ⅱ－6　外国において前払式支払手段の発行の業務を行う者に対する基本的考え方（略）

Ⅲ　前払式支払手段発行者の検査・監督に係る事務処理上の留意点（略）

Ⅲ－1　基本的考え方及び一般的な事務処理等（略）

237

【資料2】 事務ガイドライン

Ⅲ－2　資金決済に関する法律等に係る諸手続（略）

Ⅲ－3　行政処分を行う際の留意点

　　監督部局が行う主要な不利益処分（行政手続法第2条第4号にいう不利益処分をいう。以下同じ。）としては、①法第25条に基づく業務改善命令、②法第26条又は第27条に基づく業務停止命令、③法第27条に基づく登録取消し等があるが、これ75らの発動に関する基本的な事務の流れを例示すれば、以下のとおりである。

(1)　法第24条に基づく報告徴収命令

　　①　オンサイトの立入検査や、オフサイト・モニタリング（ヒアリングなど）を通じて、法令等遵守態勢、業務運営態勢等に問題があると認められる場合においては、法第24条第1項に基づき、当該事項についての事実認識、発生原因分析、改善・対応策その他必要と認められる事項について、報告を求めることとする。

　　②　報告を検証した結果、さらに精査する必要があると認められる場合においては、法第24条第1項に基づき、追加報告を求めることとする。

(2)　法第24条第1項に基づき報告された改善・対応策のフォローアップ

　　①　上記報告を検証した結果、業務の健全性・適切性の観点から重大な問題が発生しておらず、かつ、前払式支払手段発行者の自主的な改善への取組みを求めることが可能な場合においては、任意のヒアリング等を通じて上記(1)において報告された改善・対応策のフォローアップを行うこととする。

　　②　必要があれば、法第24条第1項に基づき、定期的なフォローアップ報告を求める。

(3)　法第25条、法第26条又は法第27条に基づく業務改善命令、業務停止命令、登録取消し

　　検査結果やオフサイト・モニタリングへの対応として、報告内容（追加報告を含む。）を検証した結果、利用者の利益の保護を含む前払式支払手段の発行の業務の健全かつ適切な運営の確保に関し重大な問題があると認められる場合等においては、以下①から③に掲げる要素を勘案するとともに、他に考慮すべき要素がないかどうかを吟味した上で、

　　・　改善に向けた取組みを前払式支払手段発行者の自主性に委ねることが適当かどうか、

　　・　改善に相当の取組みを要し、一定期間業務改善に専念・集中させる必要があるか、

　　・　業務を継続させることが適当かどうか、

【資料2】 事務ガイドライン

等の点について検討を行い、最終的な行政処分の内容を決定することとする。

① 当該行為の重大性・悪質性

イ．公益侵害の程度

前払式支払手段発行者が、前払式支払手段に対する信頼性を大きく損なうなど公益を著しく侵害していないか。

ロ．被害の程度

広範囲にわたって多数の利用者が被害を受けたかどうか。個々の利用者が受けた被害がどの程度深刻か。

ハ．行為自体の悪質性

例えば、発行保証金の供託を回避するために、基準日未使用残高の報告に関して、虚偽の報告を行うなど、前払式支払手段発行者の行為が悪質であったか。

ニ．当該行為が行われた期間や反復性

当該行為が長期間にわたって行われたのか、短期間のものだったのか。反復・継続して行われたものか、一回限りのものか。また、過去に同様の違反行為が行われたことがあるか。

ホ．故意性の有無

当該行為が違法・不適切であることを認識しつつ故意に行われたのか、過失によるものか。

ヘ．組織性の有無

当該行為が現場の担当者個人の判断で行われたものか、あるいは管理者も関わっていたのか。更に経営陣の関与があったのか。

ト．隠蔽の有無

問題を認識した後に隠蔽行為はなかったか。隠蔽がある場合には、それが組織的なものであったか。

チ．反社会的勢力との関与の有無

反社会的勢力との関与はなかったか。関与がある場合には、どの程度か。

② 当該行為の背景となった経営管理態勢及び業務運営態勢の適切性

イ．経営陣の法令等遵守に関する認識や取組みは十分か。

ロ．内部監査部門の体制は十分か、また適切に機能しているか。

ハ．業務担当者の法令等遵守に関する認識は十分か、また、社内教育が十分になされているか。

③ 軽減事由

239

【資料2】 事務ガイドライン

　　　　以上①及び②の他に、行政による対応に先行して、前払式支払手段発行
　　　者が自主的に前払式支払手段の利用者等の利益の保護のために所要の対応
　　　に取り組んでいる、といった軽減事由があるか。

(4)　標準処理期間

　　　法第25条、法第26条及び法第27条第1項の規定に基づき監督上の処分を命
　　ずる場合には、上記(1)の報告書を受理したときから、原則として概ね1か月
　　（金融庁との調整を要する場合は概ね2か月）以内を目途に行うものとする。

　（注1）「報告書を受理したとき」の判断においては、以下の点に留意する。

　　　　イ．複数回にわたって法第24条第1項の規定に基づき報告を求める場合
　　　　　　（直近の報告書を受理したときから上記の期間内に報告を求める場
　　　　　　合に限る。）には、最後の報告書を受理したときを指すものとする。

　　　　ロ．提出された報告書に関し、資料の訂正、追加提出等（軽微なものは
　　　　　　除く。）を求める場合には、当該資料の訂正、追加提出等が行われた
　　　　　　ときを指すものとする。

　（注2）弁明・聴聞等に要する期間は、標準処理期間には含まれない。

　（注3）標準処理期間は、処分を検討する基礎となる情報ごとに適用する。

(5)　法第25条の規定に基づく業務改善命令の履行状況の報告義務の解除

　　　法第25条の規定に基づき業務改善命令を発出する場合には、当該命令に基
　　づく前払式支払手段発行者の業務改善に向けた取組みをフォローアップし、
　　その改善努力を促すため、原則として、当該前払式支払手段発行者の提出す
　　る業務改善計画の履行状況の報告を求める。その際、以下の点に留意するも
　　のとする。

　①　法第25条の規定に基づき業務改善命令を発出している前払式支払手段発
　　　行者に対して、当該業者の提出した業務改善計画の履行状況について、期
　　　限を定めて報告を求めている場合には、期限の到来により、当該前払式支
　　　払手段発行者の報告義務は解除される。

　②　法第25条の規定に基づき業務改善命令を発出している前払式支払手段発
　　　行者に対して、当該業者の提出した業務改善計画の履行状況について、期
　　　限を定めることなく継続的に報告を求めている場合において、業務改善命
　　　令を発出する要因となった問題に関して、業務改善計画に沿って十分な改
　　　善措置が講じられたと認められるときは、当該計画の履行状況の報告義務
　　　を解除するものとる。その際、当該報告等により把握した改善への取組状
　　　況に基づき、解除の是非を判断するものとする。　　　　　　（以下、略）

〔執筆者紹介〕

(50音順)

浅野　永希（あさの　えいき）
　浅野・宗川法律事務所　弁護士（大阪）
　執筆担当：Q7〜Q12・コラム7

大上修一郎（おおうえ　しゅういちろう）
　おおうえ法律事務所　弁護士（大阪）
　執筆担当：Q1〜Q6・Q36〜Q43・コラム4・コラム9

岡田　　崇（おかだ　たかし）
　岡田崇法律事務所　弁護士（大阪）
　執筆担当：Q26〜Q28・Q44〜Q45・コラム6・コラム12

川添　　圭（かわぞえ　けい）
　アテンド総合法律事務所　弁護士（大阪）
　執筆担当：Q29〜Q31・Q46〜Q48・コラム1・コラム10・コラム11

西塚　直之（にしづか　なおゆき）
　西塚法律事務所　弁護士（大阪）
　執筆担当：Q32〜Q35・コラム2・コラム8

松尾　善紀（まつお　よしのり）
　弁護士法人松尾・中村・上法律事務所　弁護士（大阪）
　執筆担当：Q13〜Q25・コラム3・コラム5

〈トラブル相談シリーズ〉

支払決済のトラブル相談Ｑ＆Ａ

2024年11月26日　第1刷発行

著　　　者	浅野永希・大上修一郎・岡田崇・川添圭・西塚直之・松尾善紀	
発　　　行	株式会社民事法研究会	
印　　　刷	中央印刷株式会社	

発　行　所　株式会社　民事法研究会

〒151-0073　東京都渋谷区恵比寿3-7-16

〔営業〕TEL03(5798)7257　FAX03(5798)7258

〔編集〕TEL03(5798)7277　FAX03(5798)7278

http://www.minjiho.com/　info@minjiho.com

落丁・乱丁はおとりかえいたします。ISBN978-4-86556-653-6

金融商品取引を網羅的にカバーし、消費者視点でわかりやすく解説！

金融商品取引のトラブル相談Q&A
―基礎知識から具体的解決策まで―

日本弁護士連合会消費者問題対策委員会金融サービス部会　編

A5判・264頁・定価 3,080円（本体 2,800円＋税10％）

▶有価証券・デリバティブ・株式・社債・信託・ファンド・仕組債・保険・暗号資産・セキュリティートークン・CO_2排出権証拠金等、多様な投資取引ごとにその特徴や規制・トラブル対応法を解説！

▶誠実公正義務や情報提供義務がかかわる金商法・金サ法の最新の法改正に対応！

▶年々、多様化・複雑化する金融商品による被害や、ネット取引による被害が増えていることから、相談対応にあたる消費生活相談員や法律実務家等をサポートし、消費者被害救済を後押しする1冊！

本書の主要内容

第1章　総　論
- Q1　金融商品取引（投資取引）の規制の必要性
- Q2　金サ法の目的と内容
- Q3　誠実公正義務・顧客の最善の利益義務
- Q4　金サ法における金融商品の販売に関する民事ルール
- Q5　金サ法における金融サービス仲介法制
- Q6　金融サービスの利用環境の整備等
- Q7　金商法の目的と概要
- Q8　金融商品取引の被害救済における金商法と民法の役割
- Q9　金商法と消契法・特商法との適用関係
- Q10　金商法以外の投資取引の業法規制
- Q11　クラウドファンディングの種類と規制

第2章　規制対象となる取引
- Q12　金商法の規制対象となる取引
- Q13　有価証券
- Q14　デリバティブ取引

第3章　開示規制
- Q15　有価証券の発行開示・継続開示の規制
- Q16　有価証券報告書等の虚偽記載

第4章　金融商品取引業者の規制
- Q17　金融商品取引業の登録が必要となる行為
- Q18　金商法における業者規制の概要
- Q19　海外所在業者・無登録業者

第5章　勧誘規制
- Q20　勧誘の概念、媒介の概念
- Q21　広告・広告類似行為
- Q22　訪問・電話による勧誘

- Q23　適合性の原則
- Q24　金融商品取引業者等の情報提供義務
- Q25　金融商品取引業者等の説明義務
- Q26　虚偽説明の禁止・断定的判断の提供等の禁止
- Q27　損失補填の禁止
- Q28　過当取引
- Q29　高齢の投資者の保護ルール

第6章　投資助言・投資運用業の規制
- Q30　投資助言サービス
- Q31　投資運用業

第7章　主な金融商品と規制等
- Q32　株　式
- Q33　社　債
- Q34　投資信託

発行　民事法研究会

〒150-0013　東京都渋谷区恵比寿 3-7-16
（営業）TEL. 03-5798-7257　FAX. 03-5798-7258
http://www.minjiho.com/　info@minjiho.com

最新実務に必携の手引

― 実務に即対応できる好評実務書！ ―

2021年9月刊 消費者契約法の積極的活用に向けた好著！

消費者契約法のトラブル相談Q&A
― 基礎知識から具体的解決策まで ―

消費者契約法の適用が問題となるトラブル事例とその解決策について、消費者問題に精通する実務家が、消費者被害救済の立場を徹底してわかりやすく解説！　解説部分では冒頭にポイントを設け、図表を多用してわかりやすく説明！

大上修一郎・西谷拓哉・西塚直之・増田朋記　編

（Ａ５判・244頁・定価 2,970円（本体 2,700円＋税10％））

2018年11月刊 膨大・難解な特定商取引法を解説した、特定商取引をめぐるトラブル対応の必携書！

特定商取引のトラブル相談Q&A
― 基礎知識から具体的解決策まで ―

訪問販売、通信販売、マルチ商法など特定商取引をめぐる広範なトラブル等について、消費者問題に精通する研究者・実務家が、最新の実務動向を踏まえて解説！　巻末の資料には、現行法におけるクーリング・オフ等一覧、全面適用除外となる商品・サービスの一覧を掲載！

坂東俊矢　監修　久米川良子・薬袋真司・大上修一郎・名波大樹・中井真雄　編著

（Ａ５判・291頁・定価 3,300円（本体 3,000円＋税10％））

2020年3月刊 好評の初版について、最新の法令や実務動向などをもとに約6年ぶりに改訂！

ペットのトラブル相談Q&A〔第2版〕
― 基礎知識から具体的解決策まで ―

令和元年の動物愛護管理法改正、債権法改正等を踏まえて、ペットをめぐるトラブルの実態、法的責任、対応策等について、ペット問題に精通する法律実務家がわかりやすく解説！　トラブル相談を受ける消費生活センター関係者、自治体担当者のほか法律実務家等必携！

渋谷　寛・佐藤光子・杉村亜紀子　著

（Ａ５判・281頁・定価 2,750円（本体 2,500円＋税10％））

2019年1月刊 基礎知識から施術・契約・広告表示をめぐるトラブル等の予防・対処法までを解説！

美容・エステのトラブル相談Q&A
― 基礎知識から具体的解決策まで ―

美容医療・エステについての法的規制、施術に関する基礎知識の解説から、施術、契約、表示をめぐるトラブル等の解決に向けた対処法について、被害の救済にあたってきた弁護士がわかりやすく解説！

美容・エステ被害研究会　編

（Ａ５判・295頁・定価 3,300円（本体 3,000円＋税10％））

発行　民事法研究会

〒150-0013　東京都渋谷区恵比寿 3-7-16
（営業）TEL. 03-5798-7257　FAX. 03-5798-7258
http://www.minjiho.com/　info@minjiho.com

最新実務に必携の手引

― 実務に即対応できる好評実務書！ ―

2022年2月刊 自転車にまつわる基礎知識やトラブル対処法をＱ＆Ａ方式でわかりやすく解説！

自転車利活用のトラブル相談Ｑ＆Ａ
―基礎知識から具体的解決策まで―

　自転車の購入・所有・管理・事故・通勤にまつわる基礎知識から、トラブル等の予防・救済に向けた対処法までをＱ＆Ａ方式でわかりやすく解説！　相談を受ける消費生活相談員、法律実務家等必携の１冊！

仲田誠一・内田邦彦・菊田憲紘・杉江大輔　著
（Ａ５判・221頁・定価 2,640円（本体 2,400円＋税10％））

2023年3月刊 相続・遺言の基礎知識やトラブル対処法をＱ＆Ａ方式でわかりやすく解説！

相続・遺言のトラブル相談Ｑ＆Ａ
―基礎知識から具体的解決策まで―

　相続・遺言の基本知識から専門知識までを、経験豊富な実務家がＱ＆Ａ方式でわかりやすく解説！　財産問題であるのと同時に相続人同士の家族問題でもある相続事件について、東京弁護士会法律研究部相続・遺言部が、専門的知識を踏まえつつ解説！

東京弁護士会法律研究部相続・遺言部　編
（Ａ５判・323頁・定価 3,190円（本体 2,900円＋税10％））

2021年8月刊 最新の実例に基づくさまざまな問題を、90の事例をもとに法的観点から解説！

葬儀・墓地のトラブル相談Ｑ＆Ａ〔第２版〕
―基礎知識から具体的解決策まで―

　「送骨」「手元供養」などの葬送秩序の変化や、葬儀ローン・離檀料などの新たな紛争類型を含む90の事例をもとに、法改正に対応してわかりやすく解説！　トラブル相談を受ける実務家、消費生活センター関係者、自治体担当者等必携の１冊！

長谷川正浩・石川美明・村千鶴子　編
（Ａ５判・331頁・定価 3,190円（本体 2,900円＋税10％））

2022年11月刊 営業秘密の管理方法、漏えいの予防方法などを書式を織り交ぜつつ解説！

営業秘密のトラブル相談Ｑ＆Ａ
―基礎知識から具体的解決策まで―

　営業秘密の基礎知識から漏えいの兆候把握、対応、情報管理、予防策などを実務経験豊富な弁護士が平易に解説！　漏えい事件が頻発する今、企業が現実に直面しているトラブルを設問に掲げ、実践的な問題解決策・営業秘密管理対策構築の方策をアドバイス！

三山峻司・室谷和彦　編著　井上周一・白木裕一・池田　聡・清原直己・矢倉雄太・西川侑之介　著
（Ａ５判・305頁・定価 3,410円（本体 3,100円＋税10％））

発行　民事法研究会

〒150-0013　東京都渋谷区恵比寿 3-7-16
（営業）TEL. 03-5798-7257　　FAX. 03-5798-7258
http://www.minjiho.com/　　info@minjiho.com

消費者問題に携わる方々の必携書！シリーズ第1弾！

消費者のための金融法講座①

金融商品取引法・金融サービス提供法

桜井健夫 著

A 5 判・311 頁・定価 3,520 円（本体 3,200 円＋税 10％）

▶投資・資産運用する際に抑えておくべき「金融商品取引法」「金融サービス提供法」の基礎知識を網羅！
▶複雑な金融商品取引法・金融サービス提供法の全体像や投資被害救済の法理論を、消費者の視点からわかりやすく解説！　広告規制、不招請勧誘・再勧誘の禁止、適合性原則違反や書面交付義務・説明義務等の基本的な考え方や重要判例の判示内容を整理し、投資被害の救済・予防の指針を示す！
▶投資被害救済を後押しするために、金商法分野の法律の全体像を豊富な図表、用語解説、コラムを用いて解説！　学生はもとより、金融関係の業務に携わるビジネスマンや投資被害救済に携わる弁護士、投資被害相談を担当する消費生活センター相談員や行政職員を意識し、実務に必要なレベルを確保するよう心掛けた入門書！

【以下、シリーズ続刊予定】
　　消費者のための金融法講座　**支払決済法**──銀行法、資金決済法、割賦販売法等
　　消費者のための金融法講座　**金　　融　　法**──融資、預金、為替（決済）、証券、保険

本書の主要内容

第1部　金融商品と投資
　第1章　金融と金融商品取引
　第2章　金融商品取引の社会的意義
　第3章　運用としての金融商品取引
　第4章　投資に対する考え方（投資する立場から）
　第5章　投資の基礎と投資被害

第2部　金融商品関連法の概要
　第1章　金融商品取引に関する法制度の歴史
　第2章　金融商品取引に関する法制度の全体像
　第3章　関連法の解説

第3部　金融商品取引法
　第1章　概要と対象範囲
　第2章　企業内容の開示制度
　第3章　業規制──業の登録
　第4章　行為規制
　第5章　関係主体
　第6章　有価証券取引規制

第4部　金融サービス提供法
　第1章　金融サービス提供法の全体像
　第2章　金融サービス提供における金融商品販売等の規制
　第3章　金融サービス提供における金融商品仲介業の規制

第5部　投資被害救済の法理論
　第1章　投資被害救済の法理論に二つの道
　第2章　契約の拘束から解放する道
　第3章　損害賠償請求の道
　第4章　請求原因の観点からの整理

発行　民事法研究会

〒150-0013　東京都渋谷区恵比寿 3-7-16
（営業）TEL. 03-5798-7257　FAX. 03-5798-7258
http://www.minjiho.com/　　info@minjiho.com

消費者の立場に立って保険法の全体像をつかむ！

改題：保険法 Map〔解説編〕、同〔判例編〕

消費者のための
保険法ガイドブック

今川嘉文・内橋一郎　編著

Ａ５判・379頁・定価 4,290円（本体 3,900円＋税10％）

▶保険にかかわる法令・判例・学説を、消費者側の視点からわかりやすく解説するとともに、法律実務家・消費生活相談員による事件対応の指針を示した実践的手引書！

▶解説する内容について重要だと考えられる判例を［ポイント判例］として豊富に紹介したほか、図表を豊富に用いることで重要事項を視覚的に理解できる！

▶保険事件を消費者側で担当する弁護士、消費生活センターの相談員はもちろん、学生のテキストとしても最適！

本書の主要内容

第1章　保険制度の概要
第2章　保険契約の流れ
第3章　保険契約の基礎
第4章　保険約款
第5章　保険募集における情報提供規制と私法上の説明義務・助言義務
第6章　告知義務をめぐる諸問題
第7章　通知義務をめぐる諸問題
第8章　保険免責の基礎
第9章　自動車保険
第10章　火災保険
第11章　地震保険
第12章　責任保険
第13章　生命保険の基礎
第14章　生命保険の保険金受取人
第15章　傷害保険金をめぐる請求
第16章　疾病保険と契約前発病不担保条項
第17章　外貨建て保険・変額保険の販売規制

発行　民事法研究会

〒150-0013　東京都渋谷区恵比寿 3-7-16
（営業）TEL. 03-5798-7257　FAX. 03-5798-7258
http://www.minjiho.com/　info@minjiho.com

最新実務に必携の手引

― 実務に即対応できる好評実務書！ ―

2024年11月刊 最新の法令等の改正と判例・実務の動向を収録して大幅改訂増補！

詳解 特定商取引法の理論と実務〔第5版〕

通信販売のいわゆる定期購入商法対策、訪問販売等の電磁的記録によるクーリングオフ・通知、ネガティブ・オプションの保管期間の廃止について加筆するとともに、裁判例に加えて都道府県の苦情処理委員会のあっせん事例を紹介し、改正民法の影響も織り込んで改訂！

圓山茂夫 著
（Ａ5判・815頁・定価 8,580円（本体 7,800円＋税10％））

2024年3月刊 令和5年改正までを織り込んだ最新版！

消費者六法〔2024年版〕──判例・約款付──

金融サービス提供法・金融商品取引法・景品表示法の改正、特定商取引法の政省令・通達の改正等に対応するとともに、特定不法行為等被害者特例法を新規収録！ 特に金融サービス提供法は105条から164条に大幅に増加！

編集代表 甲斐道太郎・松本恒雄・木村達也
（Ａ5判箱入り並製・1,775頁・定価 6,600円（本体 6,000円＋税10％））

2024年1月刊 事件類型ごとに被害救済の実務・書式を網羅！ 新しい被害類型も多数追加！

消費者事件実務マニュアル〔第2版〕
──被害救済の実務と書式──

特定商取引法・消費者契約法・消費者裁判手続特例法をはじめとする消費者法の改正に対応して全面的に改訂するとともに、情報商材、送り付け商法、暗号資産など近時対応が求められる被害類型を追加して大幅改訂増補！

福岡県弁護士会消費者委員会 編
（Ａ5判・528頁・定価 5,720円（本体 5,200円＋税10％））

2024年1月刊 新たな被害類型や各種二次被害の発生などの対応方法を追加して改訂！

サクラサイト被害救済の実務〔第2版〕

国際ロマンス詐欺といった新たな被害類型や各種二次被害の発生などに対応するべく、交渉・訴訟の具体的な対処方法を、被害救済に取り組み、研究・実践を続けてきた弁護士が、サイト運営業者や決済代行業者等への通知書例などを織り込みつつ詳しく解説！

サクラサイト被害全国連絡協議会 編
（Ａ5判・245頁・定価 3,300円（本体 3,000円＋税10％））

発行 民事法研究会

〒150-0013　東京都渋谷区恵比寿 3-7-16
（営業）TEL. 03-5798-7257　FAX. 03-5798-7258
http://www.minjiho.com/　info@minjiho.com